国际贸易实务教程

李涛 等 编

立信会计 出版社
LIXIN ACCOUNTING PUBLISHING HOUSE

图书在版编目(CIP)数据

国际贸易实务教程/ 李涛等编. —上海：立信会
计出版社,2019.6
 ISBN 978 - 7 - 5429 - 6146 - 4

Ⅰ.①国… Ⅱ.①李… Ⅲ.①国际贸易－贸易实务－
教材 Ⅳ.①F740.4

中国版本图书馆 CIP 数据核字(2019)第 081051 号

策划编辑　　王艳丽
责任编辑　　王艳丽

国际贸易实务教程

出版发行	**立信会计出版社**		
地　　址	上海市中山西路 2230 号	邮政编码	200235
电　　话	(021)64411389	传　真	(021)64411325
网　　址	www.lixinaph.com	电子邮箱	lixinaph2019@126.com
网上书店	http://lixin.jd.com	http://lxkjcbs.tmall.com	
经　　销	各地新华书店		

印　　刷	上海天地海设计印刷有限公司
开　　本	710 毫米×1000 毫米　　1/16
印　　张	13.5
字　　数	210 千字
版　　次	2019 年 6 月第 1 版
印　　次	2019 年 6 月第 1 次
印　　数	1—1100
书　　号	ISBN 978 - 7 - 5429 - 6146 - 4/F
定　　价	39.00 元

如有印订差错,请与本社联系调换

前　言

随着经济全球化的深入和国际贸易的迅速发展,国际贸易的实务操作方式也在不断地发展变化,国际贸易规则和国际贸易惯例为了顺应这种发展变化也在不断地更新。这就要求国际贸易从业人员能够与时俱进,不断更新自己的知识,提升实务操作能力。

本书涵盖了国际贸易实务操作的完整流程。全书分为十章:第一章国际货物买卖合同的商定,介绍了买卖合同的达成及相关重要事项;第二章货物描述、数量与运输包装,分析了买卖合同标的的构成要素;第三章价格,介绍了商品的价格构成和相关贸易术语;第四章国际货运,介绍了国际货物的运输方式及运费的计算;第五章国际货运保险,介绍了国际货运保险的分类及运用;第六章国际支付,介绍了国际贸易的结算工具与结算方式;第七章买卖合同的通用条款,介绍了买卖合同中索赔、不可抗力和仲裁等条款的含义;第八章和第九章分别介绍了货物报检和报关的流程;第十章货物贸易外汇管理与出口退税,阐明了外汇管理方式与出口退税程序。

本书初稿一直作为上海对外经贸大学国际贸易人才培训基地的内部培训教材使用,并随着国际贸易中出现的新情况以及国际贸易法律和惯例的更新而不断修订。根据近千名受训学员的反馈,本书的内容体系更侧重国际贸易理论与实务的结合,更符合国际贸易实践的要求。

　　本书由上海对外经贸大学李涛等人编写,张雪华老师对本书给予了大力支持,立信会计出版社的领导和编辑也在出版过程中提供了指导和帮助,在此对他们的付出表示衷心的感谢。

　　限于编者水平有限,书中缺点、疏漏和不妥之处在所难免,肯请同行及广大读者批评指正,以便再次修订时使之更趋完善。

编者

2019 年 1 月

目　录

第一章 国际货物买卖合同的商定

国际货物买卖合同的磋商与订立是国际货物买卖中的重要环节。合同磋商又称为交易磋商,是指从事货物进出口的企业为出售或购买某项货物与国外客户就各项交易条件进行磋商,以期达成交易。交易磋商的过程是国际货物买卖合同成立的过程,交易磋商是买卖合同成立的根据,买卖合同是交易磋商的结果。

一、交易磋商的程序

在国际货物买卖中,交易磋商的一般程序包括询盘、发盘、还盘和接受四个环节,其中发盘和接受是达成交易、成立合同必不可少的环节和法定步骤。

(一) 询盘

询盘(inquiry)是指买方或卖方拟购买或销售某项商品而向对方询问有关交易条件的行为。询盘的内容可能是询问价格,也可能是询问某项或数项交易条件,如质量、数量、包装、交货时间、支付方式等,或者要求对方向自己做出发盘。

询盘的目的在于询问有关的交易条件或表达与对方进行交易的愿望,因此,询盘属于发盘的邀请,对发出询盘的一方及被询盘的一方均无法律上的约束力。

询盘不是交易磋商、合同成立的必经步骤,但它通常是一笔交易的起点,被询盘的一方在收到询盘后应及时处理。

(二) 发盘

发盘(offer),又称报价,在法律上称为"要约",是指买方或卖方(发盘人/offeror)向对方(受盘人/offeree)提出买卖某项商品的各项交易条件,并愿意按照这些交易条件同对方达成交易、订立合同的行为。

1. 构成发盘的条件

发盘条件应根据《联合国国际货物合同公约》第十四条的规定,满足规定条件即构成发盘。

 相关链接

《联合国国际货物销售合同公约》(节选)

第十四条

(1) 向一个或一个以上特定的人提出的订立合同的建议,如果十分确定并且表明发盘人在得到接受时承受约束的意旨,即构成发盘。一个建议如果写明货物并且明示或暗示地规定数量和价格,或规定如何确定数量和价格,即为十分确定。

(2) 非向一个或一个以上特定的人提出的建议,仅应视为邀请做出发盘,除非提出建议的人明确地表示相反的意向。

特定的人是指发盘中必须有指定的受盘人,受盘人可以是法人,如某公司,也可以是自然人,如某先生或某女士。受盘人可以指定一个,也可指定多个。这一规定的目的在于将发盘同在各种媒体上所做的普通商业广告以及向广大公众散发的商品价目单等行为区别开来。

在实际业务中,如果发盘的交易条件太少或过于简单,将会给合同的履行带来困难,甚至容易引起争议。因此,在对外发盘时,最好将品名、质量、数量、包装、价格、交货时间和地点及支付方式等主要交易条件——列明。

一项发盘必须清楚地表明发盘人愿意同对方达成交易、订立合同的意旨,即订约意旨。承受约束的意旨是指发盘人在发盘中明示或暗示地表明,发盘一旦被受盘人接受,发盘人即按发盘条件订立合同。发盘人的订约意旨通常用"发盘""递盘"(bid)等术语表示,也可按当时的谈判情形、当事人之间的业务交往情况或双方已经确立的习惯做法来确定。但是,发盘人如果在订约建议中加注了一些保留或限制性条件,如"以发盘人最后确认为准""以领到进口许可证为准""以货物未出售为准"或"交易条件仅供参考"等,这就表明,即便对方表示接受,

提出建议的一方也不承受约束。这样的订约建议就不是发盘,而只能视为邀请对方发盘。

2. 发盘的撤回和撤销

发盘的撤回(withdrawal)与撤销(revocation)是不同的概念,前者是指发盘人在发盘送达受盘人之前将其撤回,以阻止其生效。后者是指发盘人在发盘送达受盘人之后将发盘取消(此时发盘已生效),使其失去效力。

 相关链接

《联合国国际货物销售合同公约》(节选)

第十五条

(1) 发盘于送达被发盘人时生效。

(2) 一项发盘,即使是不可撤销的,得予撤回,如果撤回通知于发盘送达被发价人之前或同时,送达被发盘人。

第十六条

(1) 在未订立合同之前,发盘得予撤销,如果撤销通知于被发盘人发出接受通知之前送达被发盘人。

(2) 但在下列情况下,发盘不得撤销:

(a) 发盘写明接受发盘的期限或以其他方式表示发盘是不可撤销的;

(b) 被发盘人有理由信赖该项发盘是不可撤销的,而且被发盘人已本着对该项发盘的信赖行事。

一项发盘做出后,即使注明不可撤销,在其未生效,即未送达受盘人之前,发盘人可以修改或撤回发盘。撤回的条件是发盘人必须向受盘人发出撤回的通知,且该通知必须在发盘到达受盘人之前或与发盘同时到达受盘人。在实际业务中,如果发盘人发现发盘内容有误或因其他原因想撤回或修改发盘的,可以用更迅速的方法将发盘撤回或更改的通知赶在受盘人收到该发盘之前(或同时)送达受盘人,则发盘即可撤回。

3. 发盘的终止

发盘的终止(termination of offer)又称发盘的失效,也就是发盘人不再受发盘的约束,受盘人也失去了接受该发盘的权利。

相关链接

《联合国国际货物销售合同公约》(节选)

第十七条

一项发盘,即使是不可撤销的,也于拒绝通知送达发盘人时终止。

(三) 还盘

还盘(counter offer)又称还价,在法律上称为反要约,是指受盘人对发盘的内容不同意或不完全同意而提出的修改、限制或添加的建议。还盘可以对价格或交易的其他条件提出不同意见。一笔交易,有时不经过还盘即可达成,有时却要经过还盘,甚至往返多次的还盘才能达成。

还盘是受盘人对发盘的拒绝,也是受盘人以发盘人的身份所提出的新发盘。因此,一项发盘经受盘人的还盘后即失去效力。

相关链接

《联合国国际货物销售合同公约》(节选)

第十九条

(1) 对发盘表示接受但载有添加、限制或其他更改的答复,即为拒绝该项发盘,并构成还盘。

(2) 对发盘表示接受但载有添加或不同条件的答复,如果所载的添加或不同条件在实质上并不变更该项发盘的条件,除发盘人在不过分迟延的期间以口头或书面通知反对受盘人提出的差异外,仍构成接受。如果发盘人不做出这种反对,合同的条件就以该项发盘的条件以及接受通知内所载的更改为准。

(3) 有关货物价格、付款方式、货物质量和数量、交货地点和时间、一方当事人对另一方当事人的赔偿责任范围或解决争端等的添加或其他不同条件,均视为在实质上变更发盘的条件。

(四) 接受

接受(acceptance)在法律上称为承诺,是受盘人同意发盘人在发盘中提出的各项交易条件,并愿意按这些条件与对方达成交易、订立合同的一种行为。

1. 构成接受的条件

凡对货物的价格、付款方式、质量和数量、交货地点和时间、赔偿责任范围或

相关链接

《联合国国际货物销售合同公约》(节选)

第十八条

(1) 被发盘人声明或做出其他行为表示同意一项发盘,即是接受,缄默或不行动本身不等于接受。

(2) 接受发盘于表示同意的通知送达发盘人时生效。如果表示同意的通知在发盘人所规定的时间内(如未规定时间则在一段合理的时间内)未曾送达发盘人,接受就成为无效,但须适当地考虑到交易的情况,包括发盘人所使用的通信方法的迅速程度。

(3) 但是,如果根据该项发盘或依照当事人之间确立的习惯做法和惯例,被发盘人可以做出某种行为,例如与发运货物或支付价款有关的行为来表示同意,而无须向发盘人发出通知,则接受于该项行为做出时生效,但该项行为必须在上一款所规定的期间内做出。

解决争端等的添加或其他不同条件,均视为实质上变更发盘条件。受盘人在表示接受的同时,如果对发盘的条件做了实质性变更,则构成还盘;如果是非实质性变更,例如,要求提供装箱单、重量单、商检证书、产地证书等单据或要求增加某些单据的份数、提供装船样品、在包装上印刷指定的标志等,除发盘人及时反对其变更外,仍可构成有效的接受,合同得以成立,并且合同的条件以该项发盘的条件以及在接受中所载的更改为准。

2. 接受的撤回和撤销

接受一旦送达发盘人即不能撤销,因为接受送达发盘人就意味着接受生效,而接受一旦生效,合同即告成立,当事人就不得撤销接受或修改其内容,否则就是违约。

相关链接

《联合国国际货物销售合同公约》(节选)

第二十二条

撤回通知于接受原应生效时间之前(或同时)送达发盘人的,接受得予撤回。

二、形式发票、订单与合同

形式发票(proforma invoice)也称预开发票,是出口方对外发盘的一种固定书面格式。形式发票的内容类似商业发票,包括抬头、地址、电话、传真、电邮等;商品的名称、规格、型号、货号、包装、数量、单价、总值、交货期、支付方式、有效期等(如图1-1所示)。形式发票主要是提供给进口方向本国政府申请进口许可证或外汇所用。在实际业务中,形式发票主要对外汇管制、进口管理比较严格的进口国客户发盘时使用,是应进口方的要求提供的。

订单(order)也称"订货单",是买方向卖方提出订购货物的购货单,除了列明所需购买商品的品名外,它还必须列明买方愿意接受的交易条件(如图1-2所

PROFORMA INVOICE

To: BRAZEECQ Co., Ltd
   396 Takham Road Samaedam
   Bangkunthien Bangkok 10150 Thailand
   ATTN: Kanchanawan Koontee

PI No.: BM201403
Date: Feb 25, 2014

SHIPPING MARKS	DESCRIPTION OF GOODS	QUANTITY	UNIT PRICE	AMOUNT
				CIF BANGKOK
N/M	PM5 MORTAR MACHINE	3 SETS	EUR 4 500	EUR13 500

TOTAL:　　　　　EUR13 500

FROM SHANGHAI TO BANGKOK BY SEA

TERMS OF PAYMENT:　　T/T 90 DAYS AFTER OF DATE OF INVOICE

Baumann Equipment(Shanghai) Co.,Ltd
上海市松江工业区申港路2001号5号厂房
Building5,No.2001,ShenGang Road,Songjiang Industrial Zone,Shanghai,P.R.C
(电话) Tel：021-57791906　(传真) Fax：021-57791907

图 1-1　形式发票示例

示)。它实质上也是一项发盘。卖方确认订单后交易即告达成。

　　在进出口贸易中,有关货物买卖书面合同的名称和形式均无特定的限制,包括合同、确认书、协议书和备忘录等。在我国对外贸易实际业务中,主要使用合同和确认书两种形式,如销售合同和销售确认书。合同和确认书在格式、条款项目和措辞上有所不同,但主要内容是相同的。经买卖双方签署的合同和确认书,都是法律上有效的文件,对买卖双方具有同等的约束力。

　　出口合同的内容与进口合同大体相同,共分三个部分。第一部分是合同的约首,约首主要包括合同名称、编号、订约日期和地点、当事人名称和地址。第二

BRAZEECO

PURCHASE ORDER

BRAZEECO Co., Ltd

396 Takham Road Samaedam

Bangkunthien Bangkok 10150 Thailand

Phone + 66 (0)2 6412857

info@brazeeco.com

No.: 14678

Date: Feb 28, 2014

SELLER

Baumann Equipment (Shanghai) Co.,Ltd

Phone: 021-57791906

BUYER

BRAZEECO Co., Ltd

396 Takham Road Samaedam

SHIPPING MARKS	DESCRIPTION OF GOODS	QUANTITY	UNIT PRICE	AMOUNT
N/M	PM5 MORTAR MACHINE	3 SETS	CIF BANGKOK EUR 4 500	EUR13 500

Fax: 021-57791907

Bangkunthien Bangkok ,Thailand

PACKING: ONE SET PER WOODEN CASE

SHIPMENT: MARCH, 2014, FROM SHANGHAI TO BANGKOK BY SEA WITH PARTIAL

SHIPMENTS AND TRANSHIPMENT NOT ALLOWED.

INSURANCE: TO BE COVERED BY SELLER FOR 110% OF INVOICE VALUE AGAINST

ICC(A)/1/1/2009

PAYMENT: T/T 90 DAYS AFTER DATE OF INVOICE

DOCUMENTS:

1. COMMERCIAL INVOICE IN TRIPLICATE

2. PACKING LIST IN TRIPLICATE

3. FULL SET OF CLEAN ON BOARD MARINE BILL OF LADING CONSIGNED TO

THE BUYER, MARKED FREIGHT PREPAID.

4. INSURANCE POLICY OR CERTIFICATE IN DUPLICATE

5. ORIGINAL FORM E

图 1-2 订单示例

部分是合同的本文,即基本条款,包括货物描述、数量、包装、价格、交货、保险、付款等主要条款,有的合同还加入格式条款,即合同中的通用条款,如索赔、不可抗力、仲裁等。第三部分是合同的约尾,约尾包括合同的有效期、买卖双方的签字等。如图 1-3 所示。

SALES CONTRACT

编号(No.) 14678

签约地点(Signed at)Shanghai

日期(Date) Feb 26,2014

卖方(Seller)　　　　Baumann Equipment(Shanghai) Co.,Ltd

电话(Tel)　　　　　021-57791906

传真(Fax)　　　　　021-57791907

买方(Buyer)　　　　BRAZEECO Co., Ltd

地址(Address)　　　396 Takham Road Samaedam

　　　　　　　　　　Bangkunthien Bangkok, Thailand

电话(Tel)　　　　　66(0)2 6412857

电子邮箱(E-mail)　　info@brazeeco.com

买卖双方经协商同意按下列条款成交:

The undersigned Seller and Buyer have agreed to close the following transactions according to the terms and conditions set forth as below:

1. 货物描述(Description of Goods)　PM5 Mortar Machine

2. 数量(Quantity)　3 sets

3. 单价(Unit Price)　EUR 4 500 per set CIF BANGKOK

4. 总价(Total Amount)　EUR13 500

5. 包装(Packing)One set per wooden case

6. 装运期限(Time of Shipment) March 2014, from Shanghai to Bangkok by sea with partial shipments and transshipment not allowed

7. 保险(Insurance) Be covered by the seller for 110% of the invoice value against ICC(A)

dated 1/1/2009

8. 付款条件(Terms of Payment)　T/T 90 days after date of the invoice

9. 索赔(Claim)

如发现货物在质量或数量方面与合同规定不符,买方可以提出索赔。凡属品质异议应于货到目的港后 30 天内提出;凡属数量异议应于货到目的港后 15 天内提出。但是,属于保险公司或承运人承担责任的索赔,卖方不予受理。

In case the quality or quantity of the goods be found not in conformity with the stipulations of the contract, the buyer may file a claim. In case of quality discrepancy, claim should be filed by the buyer within 30 days after the arrival of the goods at port of destination, while for quantity discrepancy, claim should be filed by the buuyer within 15 days after the arrival of the goods at port of destination. It is understood that the seller shall not be liable for any discrepancy of the goods shipped due to causes for which the insurer or the carrier is liable.

10. 不可抗力(Force Majeure)

由于发生不可抗力事件,致使本合约不能履行、部分或全部商品延误交货,卖方概不负责,但卖方必须第一时间通知买方。如买方提出要求,卖方应向买方提供本地国际商会出具的发生不可抗力的证明。本合同所指的不可抗力系指不可预见、不能避免且不能克服的客观情况。

The seller shall not be held responsible for failure or delay in delivery of the entire lot or a portion of the goods under this sales contract in consequence of any Force Majeure incidents which might occur, but shall notify the buyer without delay. The seller shall deliver to the buyer, if so requested, by the buyer, a certificate issued by the local International Chamber of Commerce. Force Majeure as referred to in this contract means unforeseeable, unavoidable and insurmountable objective conditions.

11. 仲裁(Arbitration)

凡因本合同引起的或与本合同有关的任何争议,双方应通过友好协商解决。如果协商不成,争议应提交上海国际仲裁中心进行仲裁并适用其仲裁规则。仲裁裁决是终局的,对双方均有约束力。

All disputes in connection with this contract or the execution thereof shall be settled through friendly negotiations. If no settlement canbe reached, the case shall then be submitted to Shanghai International Arbitration Center for settlement by arbitration in accordance with its arbitration rules.The award rendered by the center shall be final and binding on both parties.

本合同一式两份,自双方签字(盖章)之日起生效。

This Contract is in 2 copies effective since being signed/sealed by both parties.

The seller：

Zhou Xiaoli

The buyer：

Kanchanawan Koontee

图 1-3　销售合同示例

三、出口合同履行的程序

出口合同订立后，买卖双方就应该根据合同规定，各自履行自己的义务。如按 CIF 条件和信用证付款方式达成的交易，就卖方履行出口合同而言，主要包括备货、落实信用证、安排运输、报关等各环节的工作，具体流程如图 1-4 所示。

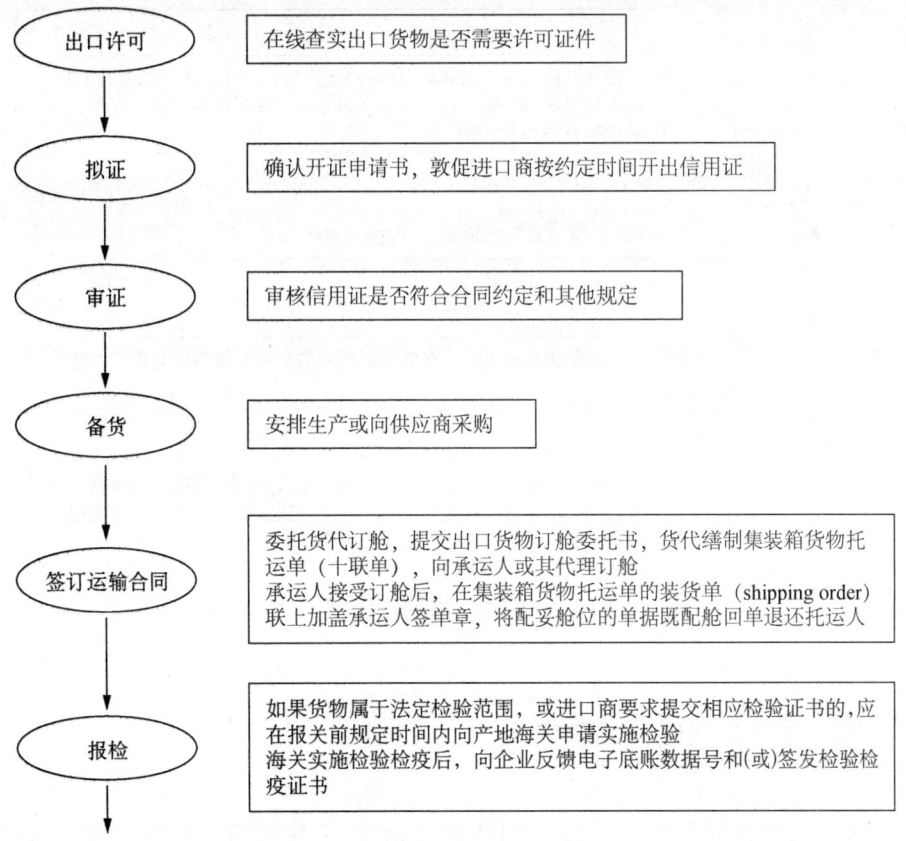

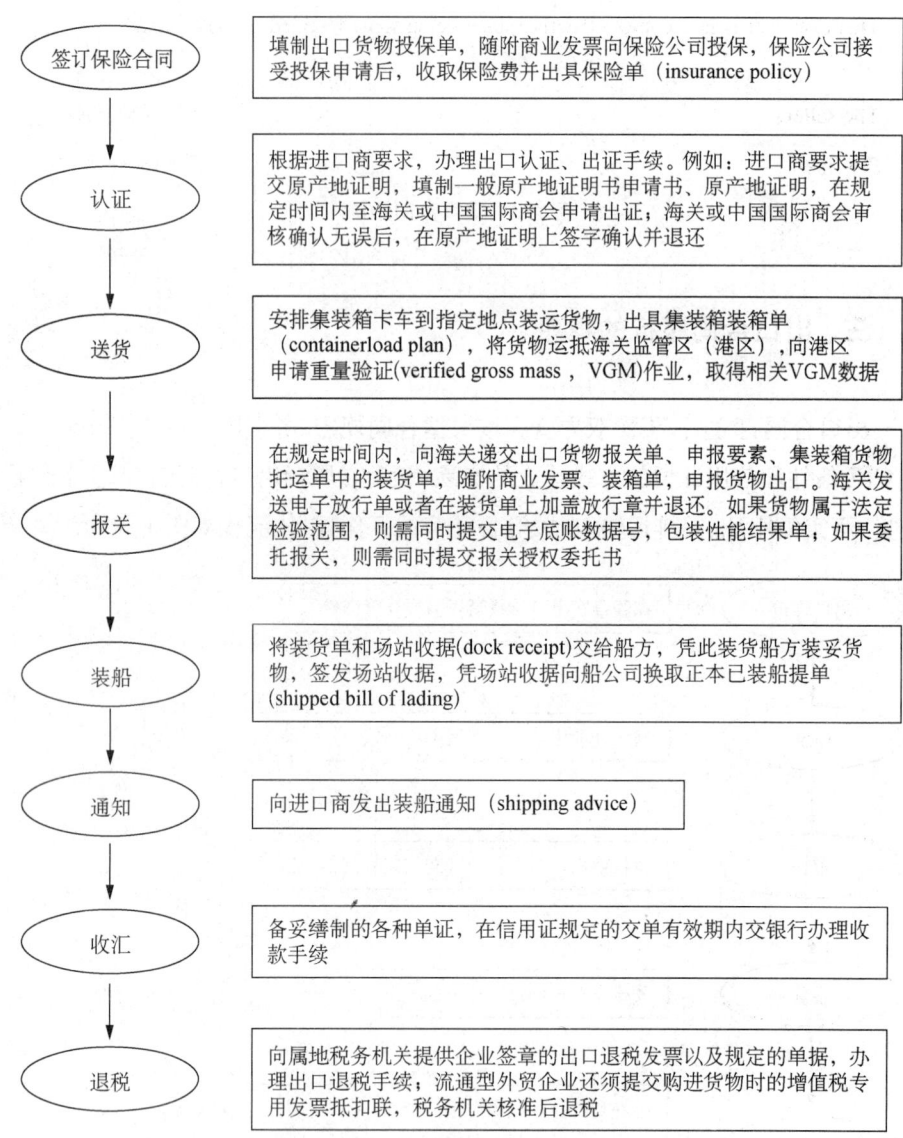

图 1-4 出口合同履行程序

四、进口合同履行的程序

履行进口合同与履行出口合同的程序相反,工作侧重点也不一样。如按

FOB 条件和信用证付款方式成交,买方履行合同的程序一般包括下列事项:①按合同规定向银行申请开立信用证;②及时指定承运人并通知卖方备货装船;③办理货运保险;④审核单据,付款赎单;⑤办理进口报关手续,并验收货物。具体流程如图 1-5 所示。

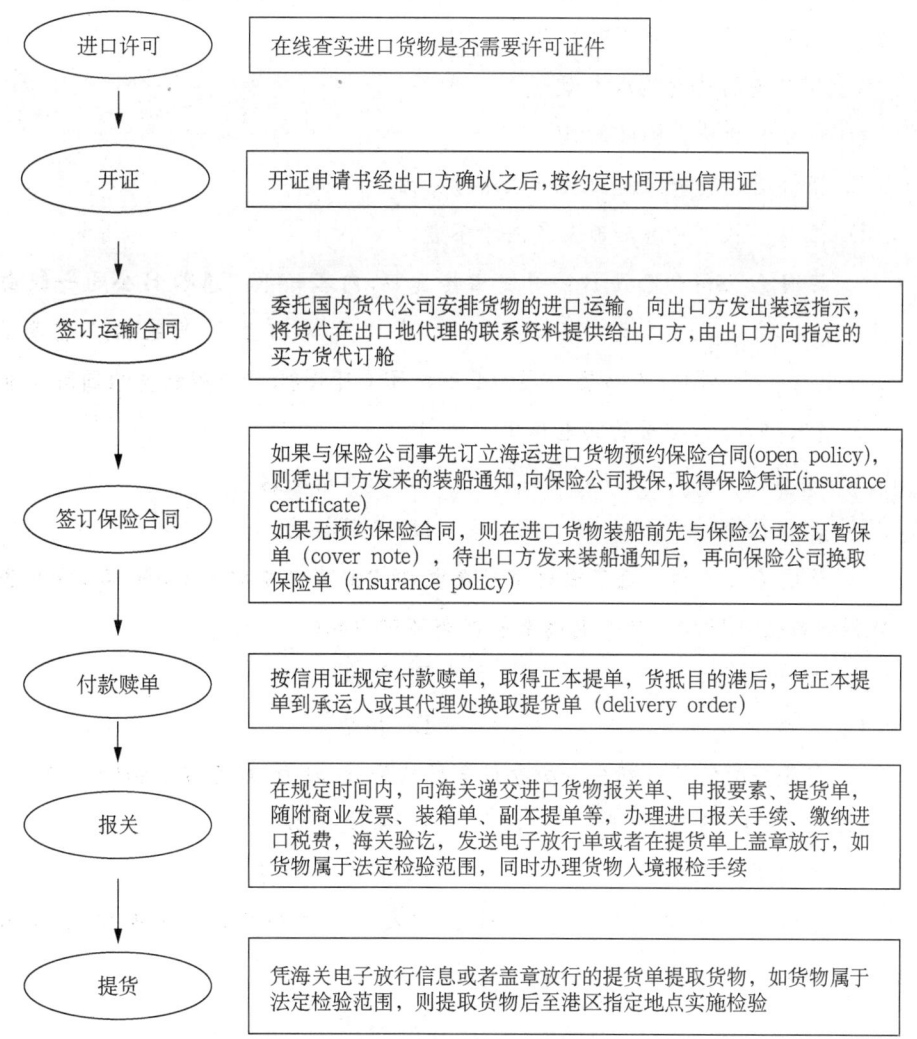

图 1-5　进口合同履行程序

练习题

1. 中国甲公司传真给尼日利亚乙公司,内容如下:"供应 50 台拖拉机,100 匹马力,每台 3 000 美元,FOB 天津,合同成立后 3 个月装船,电汇付款,请 5 日内回复。"据此,下列表述正确的是(   )。

A. 甲公司的传真构成发盘

B. 甲公司的传真构成询盘

C. 甲公司传真一经发出就产生法律效力

D. 乙公司收到传真后有义务给予答复

2. 某国 A 公司向巴西 B 公司发出传真稿,内容如下:"急购 B 公司一级白砂糖 200 吨,每吨 250 美元,CIF 广州,2014 年 4 月 20 日至 25 日装船。"巴西 B 公司回电称:"完全接受你方条件,2014 年 5 月 1 日装船。"依照相关的国际贸易法律与惯例,巴西 B 公司的回电属于(   )。

A. 还盘   B. 一项新发盘

C. 无效接受   D. 有效接受

3. 英国某买方向上海某出口公司来电称:"拟购中华牙膏 1 000 罗,请电告最低价格最快交货期。"此来电属交易磋商环节中的(   )。

A. 发盘   B. 询盘

C. 还盘   D. 接受

4. 书面合同的约尾部分一般包括合同的份数、效力、双方签字和(   )。

A. 商品的质量   B. 成交价格

C. 生效的时间   D. 商品的数量

5. 根据《联合国国际货物销售合同公约》的规定,发盘内容可以不包括(   )。

A. 品名   B. 数量

C. 检验   D. 单价

第二章　货物描述、数量与运输包装

一、货物描述

买卖双方在洽商交易和订立合同时，必须将成交商品的品名、品质、规格等这些交易条件商妥，并在买卖合同中做出明确具体的规定。

商品品名是合同中不可缺少的主要交易条件，品名也代表了商品通常应具有的品质。在合同中，商品品名应尽可能使用国际上通用的名称。

品名是对成交商品的描述，是构成货物描述的主要组成部分，是买卖双方交接货物的基本依据。国际货物买卖合同中的品名并无统一的格式，通常都在货物描述(description of goods)中列明成交商品的名称。

在国际贸易合同中，商品名称和品质描述往往是结合在一起的。货物的品质既可以用样品表示也可以用文字说明，文字说明包括规格、等级、标准、商标或品牌、产地名称、说明书和图样。在实际业务中，买卖双方可以在合同中规定品质公差或品质机动幅度。

在国际贸易合同中，正确选择品名可以更快速地办理通关手续，减少不必要的查验，避免进出口环节中的延误。为了便于对商品的统计、征税，国际海关合作理事会制定了《协调商品名称及编码制度》(简称 HS 编码)。目前，各国的海关统计和普惠制待遇等都按 HS 编码进行。

(一) HS 编码

HS 编码采用 6 位数编码，把全部国际贸易商品分为类和章，章以下再分为品目和子目。商品编码的第 1 位、第 2 位数码代表章，第 3 位、第 4 位数码代表品目(heading)，第 5 位、第 6 位数码代表子目(subheading)。其中，前 6 位数是 HS 国际标准编码，有的国家根据本国的实际情况，在 6 位数码后面再添加 1～4

位国内码,例如,中国的进出口商品编码有 8 位或 10 位。

任何一种商品的 HS 编码都具有唯一性,HS 编码和商品实物是一一对应的关系。加列本国子目,仍然没有改变 HS 编码和商品实物一一对应的关系,反而更加有助于确定商品的准确位置。进出口商品申报时,由于通关电脑系统的原因,对于 8 位数的编码,需要在后面补 2 个"0",补足 10 位。

国际上通用的商品名称至少应与 HS 前 4 位规定的描述相对应。

从理论上讲,一种商品只对应一个 HS 编码,而同一个 HS 编码则不只对应一种商品,但在实际业务中,也会有不一样的地方。例如,两款差不多的面料,含同样成色的羊毛和化纤,但由于两者比例不同,它们的 HS 编码就会不一样。如一种商品含有精梳羊毛 40%、涤纶长丝 35%、腈纶短纤 25%,由于合成纤维的含量超过了羊毛的含量,故其按合成纤维归类。再者,不同用途的同一商品有时候以不同的 HS 编码报关。例如,钢化安全玻璃,分别用于飞机上和汽车上时,其 HS 编码就不一样。

一般来说,海关编好成套的 HS 编码后不会轻易地改动,但如果发现编码存在分类不清、容易产生歧义等问题时,官方也会对其进行调整。一般海关官方网站都可以查到标准的 HS 编码,现将海关 HS 编码表列示如下(见表 2-1)。

表 2-1　海关 HS 编码表

税则号列	货品名称
63.02	床上、餐桌、盥洗及厨房用的织物制品
	针织或钩编的床上用织物制品
6302.1010	棉制
6302.1090	其他纺织材料制
	其他印花的床上用织物制品
	棉制
6302.2110	床单
6302.2190	其他
6302.2190 10	棉制印花枕套
6302.2190 20	棉制印花枕罩

（续表）

税则号列	货品名称
6302.2190 90	其他棉制印花床上用织物制品
	化学纤维制
6302.2210	床单
6302.2290	其他
6302.2290 10	化纤制印花枕套
6302.2290 20	化纤无纺织物制印花床用织物制品
6302.2290 90	其他化纤制印花床上用织物制品
	其他纺织材料制
6302.2910	丝及绢丝制
6302.2910 10	丝及绢丝制印花床上用织物制品（含丝85％及以上）
6302.2910 90	丝及绢丝制印花床上用织物制品（含丝85％以下）
6302.2920	麻制
6302.2920 10	亚麻或苎麻制印花床上用织物制品
6302.2920 90	其他麻制印花床上用织物制品
6302.2990	其他
	其他床上用织物制品
	棉制
6302.3110	刺绣的
	其他
6302.3191	床单
6302.3192	毛巾被
6302.3199	其他
6302.3199 10	棉制其他枕套
6302.3199 20	其他棉与亚麻混纺床上用织物制品
6302.3199 30	棉制其他枕罩
6302.3199 90	棉制其他床上用织物制品
	化学纤维制

（续表）

税则号列	货品名称
6302.3210	刺绣的
6302.3290	其他
6302.3290 10	化纤制其他床单
6302.3290 20	化纤制其他枕套
6302.3290 30	其他化纤无纺织物制床上织物制品
6302.3290 90	化纤制其他床上用织物制品
	其他纺织材料制
6302.3910	丝及绢丝制
6302.3910 10	丝及绢丝制其他床上用织物制品（含丝85％及以上）
6302.3910 90	丝及绢丝制其他床上用织物制品（含丝85％以下）
	麻制
6302.3921	刺绣的
6302.3921 10	亚麻或苎麻制其他床上用织物制品（刺绣的）
6302.3921 90	其他麻制其他床上用织物制品（刺绣的）
6302.3929	其他
6302.3929 10	亚麻或苎麻制其他床上用织物制品
6302.3929 90	其他麻制其他床上用织物制品
	其他
6302.3991	刺绣的
6302.3991 10	毛制刺绣床上用织物制品
6302.3991 90	其他材料制刺绣床上用织物制品
6302.3999	其他
6302.3999 10	毛制非刺绣床上用织物制品
6302.3999 90	其他材料制其他床上用织物制品
	针织或钩编的餐桌用织物制品
6302.4010	手工制
6302.4010 10	手工棉制餐桌用织物制品（指针织或钩编类的）

（续表）

税则号列	货品名称
6302.4010 20	手工植物纺织纤维制餐桌用制品（指针织或钩编类的）
6302.4010 90	手工其他纺织材料制餐桌用制品（指针织或钩编类的）
6302.4090	其他
6302.4090 10	棉制餐桌用织物制品（针织或钩编的，非手工）
6302.4090 20	植物纺织纤维制的餐桌用织物制品（针织或钩编的，非手工）
6302.4090 90	其他纺织材料制餐桌用织物制品（针织或钩编的，非手工）
	其他餐桌用织物制品
	棉制
6302.5110	刺绣的
6302.5190	其他
	化学纤维制
6302.5310	刺绣的
6302.5390	其他
6302.5390 10	化纤无纺织物制餐桌用织物制品
6302.5390 90	化纤制其他餐桌用织物制品
	其他纺织材料制
	亚麻制
6302.5911	刺绣的
6302.5919	其他
6302.5990	其他
6302.5990 10	羊毛或动物细毛制餐桌用织物制品
6302.5990 90	其他纺织材料制餐桌用织物制品
	盥洗及厨房用棉制毛巾织物或类似的毛圈织物的制品
6302.6010	浴巾
6302.6010 10	棉制针织或钩编毛巾织物浴巾（含类似毛圈织物的制品）
6302.6010 90	棉制非针织或非钩编毛巾织物浴巾（含类似毛圈织物的制品）

(二) 表示品质的方法

1. 凭样品表示品质

样品通常是指从一批商品中抽取出来的或由生产部门设计、加工出来的,足以反映和代表整批商品品质的少量实物。凡以样品表示商品品质并以此作为交货依据的,称为凭样品买卖(sale by sample)。在国际贸易中,按提供者的不同,样品可分为以下几种。

(1) 卖方样品(seller's sample)。由卖方提供的样品称为卖方样品。凡以卖方样品作为交货的品质依据者,称为凭卖方样品买卖。在此情况下,买卖合同中应订明:"品质以卖方样品为准(quality as per seller's sample)。"日后,卖方所交整批货物的品质必须与其提供的样品相同。

(2) 买方样品(buyer's sample)。买方为了使其订购的商品符合自身要求,有时会提供样品交由卖方依样承制,如卖方同意按买方提供的样品成交,称为凭买方样品买卖。在此情况下,买卖合同中应订明:"品质以买方样品为准(quality as per buyer's sample)。"日后,卖方所交整批货物的品质,必须与买方样品相符。

(3) 对等样品(counter sample)。在国际贸易中,谨慎的卖方往往不愿意承接凭买方样品交货的交易,以免因交货品质与买方样品不符而招致买方索赔甚至退货的风险,在此情况下,卖方可根据买方提供的样品复制出一个类似的样品交买方确认,这种经确认后的样品称为对等样品或回样,也可称之为确认样品(confirmed sample)。当对等样品被买方确认后,卖方所交货物的品质必须以对等样品为准。

此外,买卖双方为了发展贸易关系和增进彼此的了解,往往互相寄送样品。这种以介绍商品为目的而寄出的样品,最好标明"仅供参考"(for reference only)字样。

2. 凭规格表示品质

商品规格(specification)是指一些足以反映商品品质的主要指标。买卖双方进行洽谈交易时,对适合凭规格买卖(sale by specification)的商品,应提供具体规格来说明商品的基本品质状况,并在合同中订明。由于这种表示品质的方法明确具体、简单易行,故在国际贸易中被广泛地运用。

3. 凭等级表示品质

商品的等级(grade)是指同一类商品,按规格上的差异和品质优劣分为不同的若干等级。凭商品等级买卖(sale by grade)时,由于不同等级的商品有不同的规格,为了便于履行合同和避免争议,在列明等级的同时最好一并规定每一等级的具体规格。

4. 凭标准表示品质

商品的标准(standard)是指将商品的规格和等级予以标准化。商品的标准,有的由政府主管部门规定,有的由同业公会、交易所或国际性的工商组织规定。有些商品习惯上凭标准买卖(salc by standard),人们往往使用某种标准作为说明和评定商品品质的依据。

在国际贸易中,对于某些品质变化较大而难以规定统一标准的农副产品,往往采用"良好平均品质"(fair average quality, FAQ)这一术语来表示其品质。"良好平均品质"是指一定时期内某地出口货物的平均品质水平,一般是指中等货物的品质。在标明 FAQ 的同时,买卖双方通常还约定具体规格作为品质依据。

5. 凭说明书和图样表示品质

在国际贸易中,有些机器、电器和仪表等产品,很难用几个简单的指标来表明品质的全貌,对这类商品的品质,通常以说明书并附以图样、照片、设计图纸、分析表及各种数据来说明其具体性能和结构特点。按此方式进行交易,称为凭说明书和图样买卖(sale by descriptions and illustrations)。

6. 凭商标或品牌表示品质

商标(trademark)是指生产者用来识别所生产或出售的商品的标志,它可由一个或几个具有特色的单词、字母、数字、图形或图片等组成。商标是品牌的基本组成部分,是品牌的识别标志。

品牌(brand)是一个名称、名词、符号或设计,或者是它们的组合,其目的是识别某个销售者或某群销售者的产品或劳务,并使之同竞争对手的产品和劳务区别开来。一个品牌可用于一种产品,也可用于一个企业的所有产品。

商标或品牌是商品品质的象征,人们在交易中可以只凭商标或品牌进行买卖,无须对商品提出详细要求。但是,如果一种品牌的商品同时有许多种不同型号或规格,为了明确起见,就必须在规定品牌的同时,明确规定其型号或规格。

7. 凭产地名称表示品质

在国际货物买卖中,有些产品受产区的自然条件、传统加工工艺等因素的影响,在品质方面独具特色,对于这类产品可用产地名称来表示其品质。

(三) 品质机动幅度与品质公差

品质机动幅度是指允许卖方所交货物的品质指标在一定幅度范围内的差异,只要卖方所交货物的品质没有超出机动幅度的范围,买方就无权拒收货物。这一方法主要适用于初级产品。

品质公差是指工业制成品在加工过程中所产生的误差。这种误差的存在是绝对的。在品质公差范围内买方无权拒收货物,也不得要求调整价格。

相关链接

《联合国国际货物销售合同公约》(节选)

第三十五条

卖方交付的货物必须与合同所规定的数量、质量和规格相符,并须按照合同所规定的方式装箱或包装。

二、数量

商品的数量是指以一定的度量单位表示的商品的重量、个数、长度、面积、体积、容积等。数量条款是合同的重要内容。

商品的数量条款是国际货物买卖合同中的主要条款之一。多数国家的法律规定,卖方交货数量必须与合同规定相符,否则,买方有权提出索赔,甚至拒收货物。

《联合国国际货物销售合同公约》(节选)

第三十七条

如果卖方在交货日期前交付货物,则可以在那个日期到达前,交付任何缺漏部分或补足所交付货物的不足数量,或交付用以替换不符合合同规定的货物,或对所交付货物中任何不符合合同规定的情形做出补救,但是,此权利的行使不得使买方遭受不合理的不便或承担不合理的开支。此外,买方保留本公约所规定的要求损害赔偿的任何权利。

第五十二条

如果卖方交付的货物数量大于合同规定的数量,买方可以收取也可以拒绝收取多交部分的货物。如果买方收取多交部分货物的全部或一部分,则必须按合同价格付款。

(一) 数量的计算方法

由于商品的种类、特性和各国度量衡制度的不同,表示数量的计算方法也多种多样。不同类型的商品应采用不同的计量单位,通常使用的计量方法有下列六种。

(1) 按重量(weight)计算。按重量计算所使用的计量单位有公吨、长吨、短吨、公斤(千克)、克、盎司等。

(2) 按个数(number)计算。按个数计算所使用的计量单位有件、双、套、打、卷以及个、台、组、张、袋、箱、桶、包等。

(3) 按长度(length)计算。按长度计算所使用的计量单位有米、英尺、码等。

(4) 按面积(area)计算。按面积计算所使用的计量单位有平方米、平方尺、平方码等。

(5) 按体积(volume)计算。按体积计算使用的计量单位有立方米、立方尺、立方码等。

(6) 按容积(capacity)计算。按容积计算时,美国以蒲式耳(bushel)作为各

种谷物的计量单位,但蒲式耳所代表的重量因谷物不同而有差异。例如,每蒲式耳亚麻籽为 56 磅,燕麦为 32 磅,大豆和小麦为 60 磅。公升、加仑则用于酒类、油类商品的计量。

(二) 国际贸易中的度量衡制度

在国际贸易中,通常采用公制、英制、美制和国际单位制。我国采用国际单位制。

不同的度量衡制度导致同一计量单位所表示的数量有差异。例如,就表示重量的吨而言,实行公制的国家一般采用公吨,每公吨为 1 000 公斤;实行英制的国家一般采用长吨,每长吨约为 1 016 公斤;实行美制的国家一般采用短吨,每短吨约为 907 公斤。

为了解决由于各国度量衡制度不同带来的弊端,国际标准计量组织在公制的基础上制定了国际单位制(SI)。国际单位制的实施和推广,标志着计量制度的日趋国际化和标准化。

(三) 重量的计算方法

在国际贸易中,根据一般商业习惯,重量的计算方法通常有下列几种。

(1) 毛重(gross weight)。毛重是指商品本身的重量加上包装物的重量,这种计量办法一般适用于低值商品。

(2) 净重(net weight)。净重是指商品本身的重量,即除去包装物后商品的实际重量。净重是国际贸易中最常见的计量办法。不过有些价值较低的农产品或其他商品有时也采用"以毛作净"(gross for net)的办法计重。"以毛作净"实际上就是以毛重当作净重计价,按毛重计算重量。例如,合同规定:"蚕豆 100 公吨,单层麻袋包装,以毛作净。"在采用净重计量时,对于包装物的重量,国际上一般采用实际皮重(actual tare)、平均皮重(average tare)、习惯皮重(customary tare)、约定皮重(computed tare)等方法,具体采用哪一种计算方法来求得净重,应根据商品的性质、所使用的包装物的特点、交易数量的多寡以及交易习惯,由双方约定并列入合同。

(3) 公量(conditioned weight)。公量是指在计算货物重量时,用科学的方法抽去商品中所含的水分以后,再加上标准含水量所求得的重量。有些商品,如棉花、羊毛、生丝等有比较强的吸湿性,所含的水分受环境影响较大,其重量也就很不稳定,为了准确计算这类商品的重量,国际上通常采用按公量计算。

（4）理论重量(theoretical weight)。对于一些按固定规格生产和买卖的商品,其每件的重量大体是相同的,所以可以从件数推算出总重量。

（5）法定重量(legal weight)。按照一些国家海关法的规定,在征收从量税时,商品的重量是以法定重量计算的,法定重量是指商品重量加上直接接触商品的包装物的重量;而纯商品的重量则称为实物净重。

(四) 数量机动幅度

在粮食、矿砂、化肥和食糖等大宗商品的交易中,由于受商品特性、货源变化、船舱容量、装载技术和包装等因素的影响,难以准确地按约定数量交货。为了使交货数量具有一定灵活性,买卖双方可在合同中合理规定数量机动幅度。为了订好数量机动幅度条款,即溢短装条款(more or less clause),需要注意下列几点。

（1）数量机动幅度的大小要适当。数量机动幅度的大小通常以百分比表示,如 3% 或 5% 不等,具体应视商品特性、行业或贸易习惯和运输方式等因素而定。

（2）数量机动幅度选择权的规定要合理。在合同规定有数量机动幅度的条件下,应明确数量机动幅度的选择权。在实际业务中通常由卖方决定,但在由买方安排运输的条件下,也可由买方或船方决定。

（3）溢短装数量的计价方法要公平合理。溢短装数量的计价方法,如无相反的规定,一般按合同价格计算。为了防止有权选择多装或少装的一方当事人利用行情变化故意多装或少装以获取额外的好处,买卖双方也可在合同中规定,多装或少装的部分按装船时或货到时的市价计算。

进出口合同中的成交不宜采用"大约""近似""左右"等带伸缩性的字眼来表示。

相关链接

三、运输包装

在国际货物买卖中,包装条款是买卖合同中的一项主要条款。按照某些国家的法律规定,如果卖方交付的货物未按约定的条件包装,或者货物的包装与行业习惯不符,买方有权拒收货物。如果货物虽按约定的方式包装,但却与其他货物混杂在一起,买方可以拒收违反约定包装的那部分货物,甚至可以拒收整批货物。

按包装方式,商品可分为单件运输包装和集合运输包装。前者是指货物在运输过程中作为一个计件单位的包装;后者是指将若干单件运输包装组合成一件大包装,以便更有效地保护商品、提高装卸效率和节省运输费用。在国际贸易中,常见的集合运输包装有托盘、集装袋和集装箱。

(一) 运输包装上的标志

(1) 运输标志又称唛头,通常由一个简单的几何图形和一些字母、数字及简单的文字组成。其主要内容包括：①目的地的名称或代号；②收货人、发货人名称的代号；③件号、批号。此外，有的运输标志还包括原产地、合同号、许可证号、体积与重量等内容。

联合国欧洲经济委员会简化国际贸易程序工作组在国际标准化组织和国际货物装卸协调协会的支持下，制定了标准化运输标志并向各国推荐使用。该标准化运输标志包括：①收货人或买方名称的英文缩写字母或简称；②参考号，如提单号、订单号或发票号；③目的地；④件号。标准化运输标志实例如图 2-1 所示。

ABC ⟶ 收货人代号

1234 ⟶ 参考号

NEWYORK ⟶ 目的地

1-25 ⟶ 件数代号

图 2-1　标准化运输标志

（2）指示性标志是指提示人们在装卸、运输和保管过程中需要注意的事项的标识，一般都是以简单、醒目的图形和文字在包装上标出。

（3）危险货物包装标志。危险货物是指爆炸品、压缩气体和液化气体、易燃液体、易燃固体、氧化剂、有毒物品、放射性物品和腐蚀物品等。根据国际海事组织（IMO）的规定，凡须经过海运出口危险货物的国家都必须执行《国际海上危险货物运输规则》（简称为《危规》）。具体来说，世界各国通过海运出口的危险货物的包装必须按照《危规》的要求进行设计、生产和检验；危险货物外包装表面必须张贴《危规》规定的危险品标志；成组包装或集装箱装运危险货物时，除箱内货物张贴危险品标志外，在成组包装或集装箱外部四周还需贴上与箱内货物内容相同的危险品标志以示警告，使装卸、运输和保管人员按货物特性采取相应的防护措施。

危险货物生产企业应当使用经性能检验合格的危险货物包装，并须经检验检疫部门使用鉴定合格方可出口。性能检验合格，是指包装本身的质量合格；使用鉴定合格，是指包装的使用情况符合规定，如包装的危险等级符合货物危险级别、包装密封性、装载量、标签加贴情况的要求。性能检验和使用鉴定两者缺一不可。

包装容器生产企业在自检合格的基础上,向海关提出性能检验申请时,除提供《厂检结果单》外,对危险货物包装还须填写《出境危险货物包装容器性能检验申请单》。

海关接受申请后,派相关人员至企业按有关标准抽取样品,对包装容器进行性能检验。经检验合格后,对危险货物的包装容器签发《出境危险货物包装容器性能检验结果单》。

危险货物生产企业应当正确、合理地使用包装,在自检合格的基础上向海关提出使用鉴定申请,并提供《出境危险货物包装容器性能检验结果单》和《出境危险货物包装容器使用鉴定厂检结果单》,填写《出境危险货物包装容器使用鉴定申请单》。

海关接受申请后,派相关人员至企业按有关标准对所申请的危险货物进行鉴定,经鉴定合格后,签发《出境危险货物包装容器使用鉴定结果单》。

(二) 木质包装

木质包装是指用于承载、包装、铺垫、支撑、加固货物的木质材料,如木板箱、木条箱、木托盘、木框、木桶、木轴、枕木、衬木等,但胶合板、纤维板等人造板材除外。木材作为主要的货物包装、承载、铺垫和支撑材料,在世界范围内被广泛使用,为避免其在流转过程中传播有害生物,给国际贸易带来不便,国际植物保护组织(IPPC)于 2002 年制定了国际贸易中木质包装材料管理准则,规定用作包装或承载国际贸易货物的木质包装在出口前须事先按照国际标准进行热处理或熏蒸处理,并加施 IPPC 标识。

货物无论出口到哪个国家或地区,其所使用的本质包装均应经过有效检疫处理并加施 IPPC 标识,并应从海关公布的具有 IPPC 标识加施资格的企业购买或委托具有标识加施资格的检疫处理单位实施检疫处理并加施标识,避免因木质包装不合格造成经济损失。

本质包装检疫除害处理方法包括:①热处理(HT);②溴甲烷熏蒸处理(MB);③介电加热处理(DH)。不符合规定的,不准出境。

IPPC 标识是 IPPC 注册的用于除害处理合格的木质包装上的特定标志,是具有法律效力的检验检疫标识。我国已向 IPPC 申请并获准使用此标识,伪造、变造、盗用 IPPC 标识的,依照《中华人民共和国进出境动植物检疫法》及其实施条例的有关规定处罚。

进境货物使用的木质包装,应当由输出国官方植物检疫机构认可的企业按规定的检疫除害处理方法处理,并加施官方植物检疫机构批准的 IPPC 专用标识。

(三) 订立合同包装条款应注意的问题

(1) 要考虑商品特点和不同运输方式的要求。

(2) 对包装的规定要明确、具体,不宜采用"海运包装"和"习惯包装"之类的术语。

(3) 明确包装由谁供应和包装费由谁负担。

商品的包装费用一般包括在货价之中,不另计收,但也有不计在货价之内而由买方另行支付的。

四、贴牌与商标性使用

(一) 贴牌

贴牌又称 OEM,OEM 是英文 Original Equipment Manufacture 的缩写,其照字面意思为原始设备制造商。OEM 生产指一家厂商根据另一家厂商的要求,为其生产产品和产品配件,也称为定牌生产或授权贴牌生产,我国俗称加工贸易。

定牌加工是指加工方根据合同约定,为委托方加工使用特定商标或品牌的商品,并将该商品交付给委托方,委托方依照合同支付加工费的经营模式;而涉外定牌加工特指委托方为国外公司并且全部商品均在国外销售,换言之,国内加工方仅负责商品生产且商品并不会进入中国市场进行销售。

商标权具有地域性,即通常所说的"属地原则",是指该商标注册人所享有的商标权只能在授予该项权利的国家领域内受到保护,在其他国家不发生法律效力。注册商标专用权作为一种专有权具有严格的领土性,其效力只限于注册国境内。

(二) 商标性使用

商标性使用是指将商业标识用于商业活动中,并对相关公众起到区分商品或服务来源的作用。商标性使用应满足三个条件:①必须将商业标识用于商业活动中;②使用的目的是说明商品或服务的来源;③通过使用能够使相关公众区分商品或服务的来源。

如果一个商标的使用对另一个商标构成了侵权,则两者之间必然存在某种联系,使得消费者误认为两者是同一商标。从商标的功能上来看,商标的存在意义是将使用商标的商品或者服务区别于其他商品或服务,具有独特的指向性。商标的使用若构成了侵权,商品或服务的出处和来源的指向将会受到影响。

商标法保护商标的基本功能,是保护其识别性。判断在相同商品上使用相同的商标或者在相同商品上使用近似的商标,以及在类似商品上使用相同或者近似的商标是否容易导致混淆,要以商标发挥或者可能发挥的识别功能为前提。

贴牌加工商在经营中应重点注意以下几点:第一,受理业务前应谨慎审查国外企业的商标资质,对于其出具的证明文件和法律文书进行形式审查;第二,订立合同时要明确该合同为加工承揽合同而非销售合同,还要明确该批货物的具体销售地点,并再次确认国外企业在相应销售地具有使用有关商标的资质;第三,完成贴牌任务后,确保所有商品销往合同指定的国家或地区,并妥善留存相关单据和文书。

练习题

1. 若合同中关于唛头的规定是"BCD in diamond",则货物包装上以下符合要求的唛头是(   )。

A. BCD in diamond

B. BCD(三角形内)

C. BCD(椭圆形内)

D. BCD(菱形内)

2. 货物木质包装是用于(   ),包括木板箱、木条箱、木托盘、木框、木桶、木轴、木楔、垫木、衬木等。

A. 货物承载　　　B. 货物包装　　C. 货物铺垫　　D. 货物支撑

3. 将不同包装种类的货物混装在一个集装箱内,货物的总件数显示为数字之和,这时包装种类用统称(　　)来表示。

A. Cartons　　　　B. Pieces　　　C. Packages　　D. Pallets

4. 我国现行《商品名称及编码协调制度的国际公约》规定,商品编码的第 3 位、第 4 位数字表示(　　)

A. 类　　　　　　B. 章　　　　　C. 品目　　　　D. 子目

5. 按合同中规定的数量,卖方在交货时可多交或少交百分之几,这种规定叫(　　)。

A. 品质公差条款　　　　　　　B. 数量增减价条款

C. 品质机动幅度条款　　　　　D. 溢短装条款

第三章　价　　格

国际货物买卖合同中的价格条款一般包括商品的单价和总值两项基本内容。单价通常由四个部分组成，即计量单位、单位价格金额、计价货币和贸易术语。总值是单价同数量的乘积，也就是一笔交易的货款总额。

一、贸易术语

国际贸易的买卖双方分处两国，相距遥远，在卖方交货和买方接货的过程中涉及许多问题，例如，由何方订舱、装货、卸货、办理货运保险、申领进出口许可证和报关纳税等进出口手续，由何方支付运费、装卸费、保险费、税款和其他杂项费用，由何方负担货物在运输途中可能发生的损坏和灭失的风险。如果每笔交易都要求买卖双方对上述手续、费用和风险逐项反复洽商，将耗费大量的时间和费用，并影响交易的达成。为此，在国际贸易的长期实践中逐渐形成了各种不同的贸易术语。使用贸易术语有利于明确买卖双方在手续、费用和风险方面的责任划分，可促进交易的达成。

贸易术语又称价格术语，是进出口商品价格的重要组成部分，它是用一个简短的概念（例如"free on board"）或三个字母的缩写（例如"FOB"），来说明交货地点、商品的价格构成以及买卖双方有关费用、风险和责任的划分，确定买卖双方在货物交接过程中各自应尽的义务。

在国际贸易中采用某种专门的贸易术语，主要是为了确定交货条件，即说明买卖双方在交接货物方面各自承担责任、费用和风险。例如，按照装运港船上交货条件（FOB）成交与按目的地交货条件（DAP）成交，由于交货条件不同，买卖双方各自承担的责任、费用和风险就有很大区别。同时，贸易术语也可用来表示商品的价格构成因素，特别是商品价格中所包含的从属费用。由于其价格构成因素不同,所以成交价格应有所区别。不同的贸易术语表明买卖双方各自承担不同的责任、费用和风险,而责任、费用和风险的大小又会影响成交商品的价格。一般来说,凡使用出口国国内交货的各种贸易术语,卖方承担的责任、费用和风险都比较小,所以商品的售价就低;反之,凡使用进口国国内交货的各种贸易术语,卖方承担的责任、费用和风险都比较大,这些因素必然要反映到成交价格上。因此,在进口国国内交货的价格相对较高。

由此可见,贸易术语具有两重性,即一方面表示交货条件,另一方面表示成交价格的构成因素。

不仅如此,当双方当事人同意使用某一个具体的贸易术语时,将不可避免地对其他合同条款产生影响。例如,卖方同意在合同中使用 CFR 和 CIF 术语时,就只能以海运方式履行合同,因为在这两个术语下卖方必须向买方提供海运提单或其他海运单据,而如果使用其他运输方式,这些要求是无法满足的,而且跟单信用证要求的单据也必然将取决于准备使用的运输方式。

二、2010 年国际贸易术语解释通则

《国际贸易术语解释通则》(International Rules for the Interpretation of Trade Terms,简称 Incoterms)。是国际商会为统一各种贸易术语的不同解释于 1936 年制定的,并会根据变化经常进行修订。2010 年,国际商会根据国际货物贸易的发展再次对《国际贸易术语解释通则》进行修订并公布了《2010 年国际贸易术语解释通则》。

《国际贸易术语解释通则》的宗旨是为国际贸易中最普遍使用的贸易术语提供一套国际贸易惯例解释,以避免因各国的不同解释而使交易出现不确定性,或至少在相当程度上减少这种不确定性。

国际贸易惯例的使用是以当事人的意思为基础的,因为惯例本身不是法律,它对贸易双方不具有强制性,故买卖双方有权在合同中做出与贸易惯例不符的规定,但是国际贸易惯例对贸易实践仍具有重要的指导作用。在我国的对外贸易实践中,在平等互利的前提下适当采用这些国际惯例,有利于外贸业务的开

展；掌握有关国际贸易惯例的知识，有利于避免或减少贸易争端；在发生争议时，也可以引用有关惯例，争取有利地位。

对进口方和出口方来讲，完成一笔国际贸易不仅需要买卖合同，而且需要运输合同、保险合同和支付合同，而 Incoterms 只涉及其中的一项合同，即买卖合同。

（一）适用水上运输方式的规则

1. FOB

FOB(free on board)的中文意思是"装运港船上交货"，是指卖方在指定装运港、在买方指定的船上交货，自货物装上船起，货物灭失或损坏的风险即转移，自此时起，买方承担一切费用（如图 3-1 所示）。

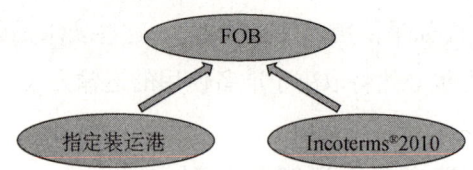

图 3-1　FOB 示意图

如果货物在装船前就被交付承运人，例如集装箱货物通常在港区交付，则不宜使用 FOB，而应使用 FCA（即货交承运人）。

FOB 要求卖方负责出口清关，但是卖方不负责进口清关、支付进口税、办理进口报关手续（见表 3-1）。

表 3-1　FOB 买卖双方义务

A　卖方义务	B　买方义务
A1　一般义务 　　卖方必须提供符合买卖合同规定的货物和商业发票以及合同可能要求的、证明货物符合合同规定的其他凭证。A1～A10 所指单证可以是约定的或按惯例、具有同等效力的电子记录或者程序	B1　一般义务 　　买方必须按买卖合同规定支付价款。B1～B10 所指单证可以是约定的或按惯例、具有同等效力的电子记录或者程序

A　卖方义务	B　买方义务
A2　许可证件、其他核准文件、安全确认和报关手续 　　卖方必须自负风险和费用，取得出口许可证件或其他核准文件，并办理货物出口的一切报关手续	B2　许可证件、其他核准文件、安全确认和报关手续 　　买方必须自负风险和费用，取得进口许可证件或其他核准文件，并办理货物进口和经由他国过境运输的一切报关手续
A3　运输合同和保险合同 a）运输合同 　　卖方对买方没有签订运输合同的义务。但是如果买方要求或如果这是一种商业惯例，在买方未适时给予卖方相反指示的情况下，卖方可按通常条件签订运输合同，而由买方承担费用和风险。在上述情况下，卖方可以拒绝签订运输合同；如果拒绝，则应立即通知买方 b）保险合同 　　卖方对买方没有签订保险合同的义务。但是，应买方要求并由其承担险和费用，卖方必须给予买方办理保险所需的信息	B3　运输合同和保险合同 a）运输合同 　　买方必须自负费用，签订自指定装运港运输货物的合同，除非卖方按照 A3a）规定签订运输合同 b）保险合同 　　买方对卖方没有签订保险合同的义务
A4　交货 　　卖方必须在指定装运港买方指定的装货点交货，或将货物交至买方指定的船上，或取得被如此交付后的货物。在上述情况下，卖方必须按港口的惯常方式，在约定的日期或期限内交货 　　如果买方未指定特定的装运点，卖方可以在指定的装运港选择最有利的装运点	B4　收货 　　收货买方必须在货物已按 A4 规定被交付时接收货物
A5　风险转移 　　除 B5 的规定外，卖方承担货物灭失或损坏的一切风险，直至货物已按 A4 规定被交付时为止	B5　风险转移 　　自货物按 A4 规定被交付时起，买方承担货物灭失或损坏的一切风险 　　如果 a）买方未按 B7 规定将船舶的指定情况通知卖方；或 b）买方指定船舶未能按时到达，致使卖方不能履行 A4 规定，或船舶不能承载货物，或早于按 B7 规定通知的时间截止装货，则自以下时刻起，买方承担货物灭失或损坏的一切风险，但以该项货物已清楚地被确定为本合同的货物为限：

A 卖方义务	B 买方义务
	（i）自约定之日起或没有约定日期； （ii）自卖方按 A7 规定在约定的期限内通知之日起或没有通知日期； （iii）自约定的交货期限届满之日起
A6 费用划分 卖方必须支付： a）除 B6 的规定外，与货物有关的一切费用，直至货物已按 A4 规定被交付时为止； b）货物出口需支付的一切关税、税款和其他费用，以及报关费用	B6 费用划分 买方必须支付： a）自货物已按 A4 规定被交付时起，与货物有关的一切费用，但是 A6 b）所指货物出口需支付的一切关税、税款和其他费用，以及报关费用除外； b）由于以下原因发生的额外费用，但以该项货物已清楚地被确定为本合同的货物为限 （i）买方未按 B7 规定给予卖方相应通知； （ii）买方指定的船舶未能按时到达，或不能承载货物，或早于按 B7 规定通知的时间截止装货 c）货物进口需支付的一切关税、税款和其他费用，以及报关费用和经由他国过境运输的费用
A7 通知买方 由买方承担风险和费用，卖方必须给予买方充分的通知，说明货物已按 A4 规定被交付或说明船舶未在约定时间承载货物	B7 通知卖方 买方必须给予卖方充分的通知，说明船名、装货点和必要时，约定期限内指定的交货时间
A8 交货单据 卖方必须自负费用向买方提供货物已按 A4 规定被交付的通常证明。除非此证明是运输单据，应买方要求并由其承担风险和费用，卖方必须协助买方取得运输单据	B8 交货证明 买方必须接受 A8 规定的交货单据
A9 核对、包装、标记 卖方必须支付按 A4 规定交货所需核对的费用（如核对品质、丈量、过磅、计数的费用）以及出口国当局强制实施的装运前检验的费用	B9 货物检验 买方必须支付强制实施的装运前检验的一切费用，但出口国当局强制实施的检验除外

（续表）

A　卖方义务	B　买方义务
卖方必须自负费用提供货物包装，除非按行业惯例，此类货物无须包装出售。卖方可按适合运输的方式包装，除非在签订合同前买方已将具体的包装要求通知卖方。包装上应适当地做好标记	
A10　协助提供信息和相关费用 　应买方要求并由其承担风险和费用，卖方必须及时协助买方取得办理货物进口和(或)安排货物运至最终目的地所需的一切单证和信息，包括安全信息 　卖方必须偿付买方因协助取得 B10 规定的单证和信息而发生的一切费用	B10　协助提供信息和相关费用 　买方必须及时通知卖方有关安全信息的各项要求，以使卖方履行 A10 规定 　买方必须偿付卖方因协助取得 A10 规定的单证和信息而发生的一切费用。应卖方要求并由其承担风险和费用，买方必须及时协助卖方取得办理货物运输、出口以及经由他国过境运输所需的一切单证和信息，包括安全信息

2. CFR

CFR(cost and freight)的中文意思是"成本＋运费"，是指卖方在船上交货或者卖方取得被如此交付后的货物，自货物装上船起，货物灭失或损坏的风险即转移（如图 3-2 所示）。卖方必须签订运输合同，支付货物运至指定目的港所需的费用和运费。本规则仅适用于海运或内河运输。

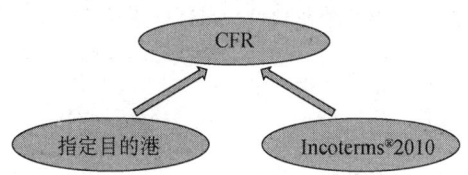

图 3-2　CFR 示意图

使用 CFR 的场合，卖方只要按所选规则指定的方式将货物交给承运人即完成交货，而不是货物到达目的地才完成交货。

本规则有一个关键点，即风险转移的地点和费用转移的地点是不同的。虽然合同中通常会写明目的港，但不一定写明装运港，而风险可能在装运港转移至买方。如果装运港对买方有利害关系，双方应尽可能具体地在合同中予以明确。

双方应尽可能确切地确定约定目的港的特定地点,至该点为止的费用由卖方承担。卖方应取得与本规则完全相符的运输合同,如果运输合同包括了目的港特定点的卸货费用,卖方不得要求买方予以补偿,除非双方另有协议。

卖方必须在船上交货或者取得被如此交付后的货物,并将货物运至目的港。此外,卖方必须签订运输合同或者取得运输合同。

如果货物在装船前就被交付承运人,例如集装箱货物通常在港区交付,则不宜使用 CFR,此类情形应使用 CPT。

CFR 要求卖方负责货物出口清关,但是卖方不负责货物进口清关、支付进口税或者办理进口报关手续(见表 3-2)。

表 3-2 CFR 买卖双方义务

A 卖方义务	B 买方义务
A1 一般义务 　卖方必须提供符合买卖合同规定的货物和商业发票以及合同可能要求的、证明货物符合合同规定的其他凭证。A1～A10 所指单证可以是约定的、按惯例、具有同等效力的电子记录或者程序	B1 一般义务 　买方必须按买卖合同规定支付价款。B1～B10 所指单证可以是约定的或按惯例、具有同等效力的电子记录或者程序。
A2 许可证件、其他核准文件、安全确认和报关手续 　卖方必须自负风险和费用,取得出口许可证件或其他核准文件,并办理货物出口的一切报关手续	B2 许可证件、其他核准文件、安全确认和报关手续 　买方必须自负风险和费用,取得进口许可证件或其他核准文件,并办理货物进口和经由他国过境运输的一切报关手续
A3 运输合同和保险合同 a) 运输合同 　卖方必须签订或取得运输合同,将货物自交货地的约定交货点运至指定目的港或指定目的港的任何特定点 　卖方必须自负费用按通常条件签订运输合同,用通常承运此类已售货物的此类船舶,按通常航线运输 b) 保险合同 　卖方对买方没有签订保险合同的义务。但是,根据买方要求并由其承担风险和费用,卖方必须给予买方办理保险所需的信息	B3 运输合同和保险合同 a) 运输合同 　买方对卖方没有签订运输合同的义务 b) 保险合同 　买方对卖方没有签订保险合同的义务。但是,根据要求,买方必须给予卖方办理保险所需的信息

（续表）

A 卖方义务	B 买方义务
A4 交货 　　卖方必须将货物置于船上或者取得被如此交付后的货物即完成交货。在上述情况下，卖方必须按港口的惯常方式，在约定的日期或期限内交货	**B4 收货** 　　买方必须在货物已按 A4 规定被交付时接收交货，并在指定目的港向承运人收取货物
A5 风险转移 　　除 B5 的规定外，卖方承担货物灭失或损坏的一切风险，直至货物已按 A4 规定被交付时为止	**B5 风险转移** 　　自货物按 A4 规定被交付时起，买方承担货物灭失或损坏的一切风险 　　如果买方未按 B7 规定给予卖方通知，则买方必须自约定的装运日期或约定的装运期限届满之日起，承担货物灭失或损坏的一切风险，但以该项货物已清楚地被确定为本合同的货物为限
A6 费用划分 　　卖方必须支付： a) 除 B6 的规定外，与货物有关的一切费用，直至货物已按 A4 规定被交付时为止； b) 按 A3a)规定所发生的运费和其他一切费用，包括按运输合同由卖方负担的装货费和约定目的港的卸货费； c) 出口需支付的报关费用，一切关税、税款和其他费用，以及根据运输合同由卖方负担，货物经由他国过境运输的费用	**B6 费用划分** 　　除 A3a)的规定外，买方必须支付： a) 货物已按 A4 规定被交付时起的一切费用，但是 A6 c)所指货物出口需支付的报关费用，一切关税、税款和其他费用除外； b) 货物在运输途中直至到达目的港为止的一切费用，除非此类费用按运输合同由卖方负担； c) 包括驳运费和码头费在内的卸货费，除非此类费用按运输合同由卖方负担； d) 如果买方未按 B7 规定给予卖方通知，则自约定的装运日期或约定的装运期限届满之日起，货物所发生的一切额外费用，但以该项货物已清楚地被确定为本合同的货物为限； e) 货物进口需支付的一切关税、税款和其他费用，以及报关的费用和经由他国过境运输的费用，除非此类费用已包括在运输合同内
A7 通知买方 　　卖方必须给予买方任何必要的通知，以使买方能够为接收货物采取通常必要的措施	**B7 通知卖方** 　　一旦买方有权决定装运货物的时间和(或)指定目的港的收货点，买方必须就此给予卖方充分的通知

（续表）

A　卖方义务	B　买方义务
A8　交货单据 　　卖方必须自负费用，毫不迟延地向买方提供表明载往约定目的港的通常运输单据 　　运输单据必须载明合同货物，其日期应在约定的装运期内，必须使买方得以在目的港向承运人提取货物，此外，除非另有约定，必须使买方能通过转让单据给下家或通过给予承运人通知以出售在途货物 　　如果运输单据签发为可转让的，数份正本的，则必须向买方提交全套正本	**B8　交货凭证** 　　买方必须接受 A8 规定的交货单据
A9　核对、包装、标记 　　卖方必须支付按 A4 规定交货所需核对的费用（如核对品质、丈量、过磅、计数的费用）以及出口国当局强制实施的装运前检验的费用 　　卖方必须自负费用提供货物包装，除非按行业惯例，此类货物无需包装出售。卖方可按适合运输的方式包装，除非在签订合同前买方已将具体的包装要求通知卖方。包装上应适当地做好标记	**B9　货物检验** 　　买方必须支付强制实施的装运前检验的一切费用，但出口国当局强制实施的检验除外
A10　协助提供信息和相关费用 　　应买方要求并由其承担风险和费用，卖方必须及时协助买方取得办理货物进口和（或）安排货物运至最终目的地所需的一切单证和信息，包括安全信息 　　卖方必须偿付买方因协助取得 B10 规定的单证和信息而发生的一切费用	**B10　协助提供信息和相关费用** 　　买方必须及时通知卖方有关安全信息的各项要求，以使卖方履行 A10 规定 　　买方必须偿付卖方因协助取得 A10 规定的单证和信息而发生的一切费用。应卖方要求并由其承担风险和费用，买方必须及时协助卖方取得办理货物运输、出口以及经由他国过境运输所需的一切单证和信息，包括安全信息

3. CIF

　　CIF(cost, insurance and freight)中文意思是"成本＋保险费＋运费"，是指卖方在船上交货或者取得被如此交付后的货物，自货物装上船起，货物灭失或损坏的风险即转移。卖方必须签订运输合同，支付货物运至指定目的港所需的费用和运费。卖方还须对货物在运输途中灭失或损坏的买方风险取得货物保险，签订保险合同并支付保险费（如图 3-3 所示）。本规则仅适用于海运或内河运输。

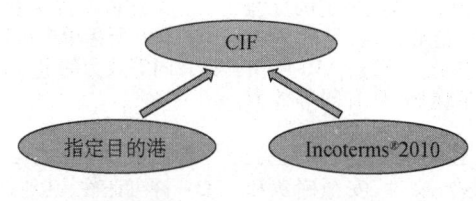

图 3-3　CIF 示意图

CIF 只要求卖方投保最小责任的保险险别，如果买方需得到更大责任的保险保障，则须明示地与卖方达成协议，或者自行安排额外的保险。

使用 CIF 的场合，卖方只要按所选规则指定的方式将货物交给承运人即完成交货，而不是货物到达目的地才完成交货。

本规则有一个关键点，即风险转移的地点和费用转移的地点是不同的。虽然合同中通常会写明目的港，但不一定写明装运港，而风险在装运港转移至买方。如果装运港对买方有利害关系，双方应尽可能具体地在合同中予以明确。双方应尽可能确切地确定约定目的港的特定地点，至该点为止的费用由卖方承担。卖方应取得与本规则完全相符的运输合同，如果运输合同包括了目的港特定点的卸货费用，卖方不得要求买方予以补偿，除非双方另有协议。

卖方必须在船上交货或者取得被如此交付后的货物，并将货物运至目的港。此外，卖方必须签订运输合同或者取得运输合同。

如果货物在装船前就被交付承运人，例如集装箱货物通常在港区交付，则不宜使用 CIF。此类情形应使用 CIP。

CIF 要求卖方负责货物出口清关。但是卖方不负责货物进口清关、支付进口税或者办理进口报关手续（见表 3-3）。

表 3-3　CIF 买卖双方义务

A　卖方义务	B　买方义务
A1　一般义务 　　卖方必须提供符合买卖合同规定的货物和商业发票以及合同可能要求的、证明货物符合合同规定的其他凭证。A1～A10 所指单证可以是约定的或按惯例、具有同等效力的电子记录或者程序	B1　一般义务 　　买方必须按买卖合同规定支付价款。B1～B10 所指单证可以是约定的或按惯例、具有同等效力的电子记录或者程序
A2　许可证件、其他核准文件、安全确认和报关手续 　　卖方必须自负风险和费用，取得出口许可证件或其他核准文件，并办理货物出口的一切报关手续	B2　许可证件、其他核准文件、安全确认和报关手续 　　买方必须自负风险和费用，取得进口许可证件或其他核准文件，并办理货物进口和经由他国过境运输的一切报关手续
A3　运输合同和保险合同 a) 运输合同 　　卖方必须签订或取得运输合同，将货物自交货地的约定交货点运至指定目的港或指定目的港的任何特定点 　　卖方必须自负费用按通常条件签订运输合同，用通常承运此类已售货物的此类船舶，按通常航线运输 b) 保险合同 　　卖方必须自负费用取得货物保险，至少应按《劳氏市场协会(LMA)》/《国际保险协会(IUA)》协会货物条款(C)或其他类似条款中最小责任的保险险别投保。保险合同应与信誉良好的保险人或保险公司订立，以使买方或任何其他对货物具有保险利益的人有权直接向保险人索赔 　　应买方要求，由买方提供给卖方所需的信息并负担费用，卖方应在可能的情况下安排额外保险，如 LMA/IUA 协会货物条款(A)或(B)或其他类似条款和(或)LMA/IUA 协会战争险条款和(或)协会罢工险条款或其他类似条款 　　最低保险金额应为合同价款加 10%（即 110%），并应采用合同货币 　　保险责任应自 A4 和 A5 规定的交货点开始，至少到指定目的港为止。卖方必须向买方提供保险单或其他保险凭证。但是，应买方要求并由其承担风险和费用，卖方必须给予买方办理额外保险所需的信息	B3　运输合同和保险合同 a) 运输合同 　　买方对卖方没有签订运输合同的义务 b) 保险合同 　　买方对卖方没有签订保险合同的义务。但是，根据要求，买方必须给予卖方办理保险所需的信息

（续表）

A 卖方义务	B 买方义务
A4 交货 卖方必须将货物置于船上或者取得被如此交付后的货物即完成交货。在上述情况下,卖方必须按照港口的惯常方式,在约定的日期或期限内交货	**B4 收货** 买方必须在货物已按 A4 规定被交付时接收交货,并在指定目的港向承运人收取货物
A5 风险转移 除 B5 的规定外,卖方承担货物灭失或损坏的一切风险,直至货物已按 A4 规定被交付时为止	**B5 风险转移** 自货物按 A4 规定被交付时起,买方承担货物灭失或损坏的一切风险 如果买方未按 B7 规定给予卖方通知,则买方必须自约定的装运日期或约定的装运期限届满之日起,承担货物灭失或损坏的一切风险,但以该项货物已清楚地被确定为本合同的货物为限
A6 费用划分 卖方必须支付: a) 除 B6 的规定外,与货物有关的一切费用,直至货物已按 A4 规定被交付时为止; b) 按 A3a)规定所发生的运费和其他一切费用,包括按运输合同由卖方负担的装船费和约定目的港的卸货费; c) 按 A3b)规定所发生的保险费; d) 出口需支付的报关费用,一切关税、税款和其他费用,以及按运输合同由卖方负担,货物经由他国过境运输的费用	**B6 费用划分** 除 A3a)的规定外,买方必须支付: a) 货物已按 A4 规定被交付时起的一切费用,但是 A6 d)所指货物出口需支付的一切关税、税款和其他费用,以及报关费用除外; b) 货物在运输途中直至到达目的港为止的一切费用,除非此类费用按运输合同由卖方负担; c) 包括驳运费和码头费在内的卸货费,除非此类费用按运输合同由卖方负担; d) 如买方未按 B7 规定给予卖方通知,则自约定的装运日期或装运期限届满之日起,货物所发生的一切额外费用,但以该项货物已清楚地被确定为本合同的货物为限; e) 货物进口需支付的一切关税、税款和其他费用,以及报关费用和经由他国过境运输的费用,除非此类费用已包括在运输合同内; f) 应买方要求,按 A3 b)和 B3 b)规定安排额外保险的费用
A7 通知买方 卖方必须给予买方任何必要的通知,以使买方能够为接收货物采取通常必要的措施	**B7 通知卖方** 一旦买方有权决定装运货物的时间和(或)指定目的港的收货点,买方必须就此给予卖方充分的通知

(续表)

A 卖方义务	B 买方义务
A8 交货单据 卖方必须自负费用,毫不迟延地向买方提供表明载往约定目的港的通常运输单据。运输单据必须载明合同货物,其日期应在约定的装运期内,必须使买方得以在目的港向承运人提取货物,此外,除非另有约定,必须使买方能通过转让单据给下家或通过给予承运人通知以出售在途货物 如果运输单据签发为可转让的,数份正本的,则必须向买方提交全套正本	B8 交货凭证 买方必须接受 A8 规定的交货单据
A9 核对、包装、标记 卖方必须支付按 A4 规定交货所需核对的费用(如核对品质、丈量、过磅、计数的费用)以及出口国当局强制实施的装运前检验的费用 卖方必须自负费用提供货物包装,除非按行业惯例,此类货物无需包装出售。卖方可按适合运输的方式包装,除非在签订合同前买方已将具体的包装要求通知卖方。包装上应适当地做好标记	B9 货物检验 买方必须支付强制实施的装运前检验的一切费用,但出口国当局强制实施的检验除外
A10 协助提供信息和相关费用 应买方要求并由其承担风险和费用,卖方必须及时协助买方取得办理货物进口和(或)安排货物运至最终目的地所需的一切单证和信息,包括安全信息 卖方必须偿付买方因协助取得 B10 规定的单证和信息而发生的一切费用	B10 协助提供信息和相关费用 买方必须及时通知卖方有关安全信息的各项要求,以使卖方履行 A10 规定 买方必须偿付卖方因协助取得 A10 规定的单证和信息而发生的一切费用。应卖方要求并由其承担风险和费用,买方必须及时协助卖方取得办理货物运输、出口以及经由他国过境运输所需的一切单证和信息,包括安全信息

4. FAS

FAS(free alongside ship)的中文意思是"装运港船边交货",是指卖方在指定的装运港将货物置于买方指定的船边(例如放在码头上或驳船上靠船边)即完成交货。买方必须承担自该时刻起货物灭失或损坏的一切风险。自货物被置于船边时起,货物灭失或损坏的风险即转移,自此时起,买方承担一切费用(如图

3-4所示)。本规则仅适用于海运或内河运输。

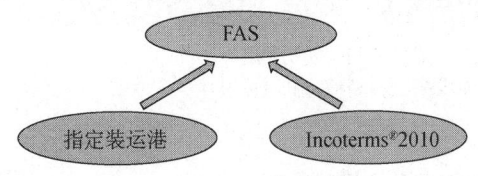

图 3-4　FAS 示意图

　　双方应尽可能清楚地确定指定装运港的装货点,至该点为止的费用和风险由卖方承担,此费用和相关作业费根据港口习惯会有所不同。

　　如果是集装箱货物,通常由卖方在港区向承运人交货而不在船边交货。此类情形不宜使用 FAS,应使用 FCA。

　　FAS 要求卖方负责出口清关,但是卖方不负责进口清关、支付进口税、办理进口报关手续(见表 3-4)。

表 3-4　FAS 买卖双方义务

A　卖方义务	B　买方义务
A1　一般义务 　　卖方必须提供符合买卖合同规定的货物和商业发票以及合同可能要求的、证明货物符合合同规定的其他凭证。A1~A10 所指单证可以是约定的或按惯例、具有同等效力的电子记录或者程序	B1　一般义务 　　买方必须按买卖合同规定支付价款。B1~B10 所指单证可以是约定的或按惯例、具有同等效力的电子记录或者程序
A2　许可证件、其他核准文件、安全确认和报关手续 　　卖方必须自负风险和费用,取得出口许可证件或其他核准文件,并办理货物出口的一切报关手续	B2　许可证件、其他核准文件、安全确认和报关手续 　　买方必须自负风险和费用,取得进口许可证件或其他核准文件,并办理货物进口和经由他国过境运输的一切报关手续
A3　运输合同和保险合同 a) 运输合同 　　卖方对买方没有签订运输合同的义务。但是如果买方要求或如果这是一种商业惯例,在买方未适时给予卖方相反指示的情况下,卖方可按通常条件签订运输合同,而由买	B3　运输合同和保险合同 a) 运输合同 　　买方必须自负费用,签订自指定装运港运输货物的合同,除非卖方按照 A3 a)规定签订运输合同 b) 保险合同 　　买方对卖方没有签订保险合同的义务

(续表)

A 卖方义务	B 买方义务
方承担费用和风险。在上述情况下,卖方可以拒绝签订运输合同;如果拒绝,则应立即通知买方 b) 保险合同 　　卖方对买方没有签订保险合同的义务。但是,应买方要求并由其承担险和费用,卖方必须给予买方办理保险所需的信息	
A4 交货 　　卖方必须在指定交货港买方指定的装货点,将货物交至买方指定的船边,或者取得被如此交付后的货物。在上述情况下,卖方必须按港口的惯常方式,在约定的日期或期限内交货 　　如果买方未指定特定的装货点,卖方可以在指定装运港选择最有利的装货点 　　如果双方约定在某个期限内交货,则买方有权选择期限内的交货日期	B4 收货 　　买方必须在货物已按 A4 规定被交付时接收货物
A5 风险转移 　　除 B5 的规定外,卖方承担货物灭失或损坏的一切风险,直至货物已按 A4 规定被交付时为止	B5 风险转移 　　自货物按 A4 规定被交付时起,买方承担货物灭失或损坏的一切风险 　　a) 买方未按 B7 规定给予通知;b) 买方指定船舶未能按时到达,或不能承载货物,或早于按 B7 规定通知的时间截止装货,则买方自约定交货之日起或约定交货期限届满之日起,承担货物灭失或损坏的一切风险,但以该项货物已清楚地被确定为本合同的货物为限
A6 费用划分 　　卖方必须支付: a) 除 B6 的规定外,与货物有关的一切费用,直至货物已按 A4 规定被交付时为止; b) 货物出口需支付的一切关税、税款和其他费用,以及报关费用	B6 费用划分 　　买方必须支付: a) 自货物已按 A4 规定被交付时起,与货物有关的一切费用,但是 A6 b) 所指货物出口需支付的一切关税、税款和其他费用,以及报关费用除外; b) 由于以下原因发生的额外费用,但以该项货物已清楚地被确定为本合同的货物为限 　　(i) 买方未按 B7 规定给予卖方相应通知;

（续表）

A 卖方义务	B 买方义务
	（ii）买方指定的船舶未能按时到达，或不能承载货物，或早于按 B7 规定通知的时间截止装货； c）货物进口需支付一切关税、税款和其他费用，以及报关费用和经由他国过境运输的费用
A7 通知买方 由买方承担风险和费用，卖方必须给予买方充分的通知，说明货物已按 A4 规定被交付或说明船舶未在约定时间承载货物	**B7 通知卖方** 买方必须给予卖方充分的通知，说明船名、装货点和必要时，约定期限内指定的交货时间
A8 交货单据 卖方必须自负费用向买方提供货物已按 A4 规定被交付的通常证明 除非此证明是运输单据，应买方要求并由其承担风险和费用，卖方必须协助买方取得运输单据	**B8 交货凭证** 买方必须接受 A8 规定的交货证明
A9 核对、包装、标记 卖方必须支付按 A4 规定交货所需核对的费用（如核对品质、丈量、过磅、计数的费用）以及出口国当局强制实施的装运前检验的费用 卖方必须自负费用提供货物包装，除非按行业惯例，此类货物无需包装出售。卖方可按适合运输的方式包装，除非在签订合同前买方已将具体的包装要求通知卖方。包装上应适当地做好标记	**B9 货物检验** 买方必须支付强制实施的装运前检验的费用，但出口国当局强制实施的检验除外
A10 协助提供信息和相关费用 应买方要求并由其承担风险和费用，卖方必须及时协助买方取得办理货物进口和（或）安排货物运至最终目的地所需的一切单证和信息，包括安全信息 卖方必须偿付买方因协助取得 B10 规定的单证和信息而发生的一切费用	**B10 协助提供信息和相关费用** 买方必须及时通知卖方有关安全信息的各项要求，以使卖方履行 A10 规定 买方必须偿付卖方因协助取得 A10 规定的单证和信息而发生的一切费用。应卖方要求并由其承担风险和费用，买方必须及时协助卖方取得办理货物运输、出口以及经由他国过境运输所需的一切单证和信息，包括安全信息

（二）适用一切运输方式的规则

1. EXW

EXW(ex works)的中文意思是"工厂交货"，是指当卖方在其所在地或其他指定的地点(如工厂或仓库)将货物交给买方即完成交货，卖方不负责将货物装上接货车辆，也不负责出口清关。双方应尽可能清楚地确定指定地的特定地点，

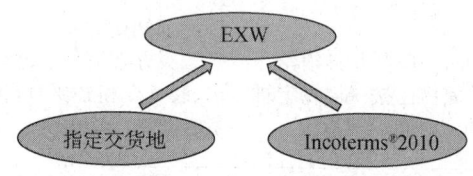

图 3-5　EXW 示意图

卖方承担到该点为止的费用和风险，买方承担在该点提货后的费用和风险(如图3-5 所示)。本规则适用于任何一种单式运输，也适用于一种以上的运输方式。

EXW 适用于国内贸易，FCA 适用于国际贸易。EXW 是卖方承担最小责任的术语，其买卖双方的义务如表 3-5 所示。

（1）卖方不负责装货，如果卖方确实装货，则风险和费用由买方承担。

（2）买方按 EXW 条件购买出口货物时，应明确卖方的义务仅限于为买方提供安排出口需要的协助，而不负责出口清关。如果买方不能直接或间接地办理出口清关，则不应使用本规则。

（3）买方没有向卖方提供货物出口信息的义务，但是卖方为了纳税或者汇报等需要可以要求买方提供此类信息。

表 3-5　EXW 买卖双方义务

A　卖方义务	B　买方义务
A1　一般义务 　　卖方必须提供符合买卖合同规定的货物和商业发票以及合同可能要求的、证明货物符合合同规定的其他凭证。A1～A10 所指单证可以是约定的或按惯例、具有同等效力的电子记录或程序	B1　一般义务 　　买方必须按买卖合同规定支付价款。B1～B10 所指单证可以是约定的或按惯例、具有同等效力的电子记录或程序

（续表）

A　卖方义务	B　买方义务
A2　许可证件、其他核准文件、安全确认和报关手续 　　应买方要求并由其承担风险和费用，卖方必须给予买方协助，使其取得货物出口所需的出口许可证件或其他核准文件。应买方要求并由其承担风险和费用，卖方必须给予买方其拥有的、取得货物安全确认所需的信息	B2　许可证件、其他核准文件、安全确认和报关手续 　　买方必须自负风险和费用，取得进出口许可证件或其他核准文件，并办理货物出口的报关手续
A3　运输合同和保险合同 a）运输合同 　　卖方对买方没有签订运输合同的义务 b）保险合同 　　卖方对买方没有签订保险合同的义务。但应买方要求并由其承担风险和费用，卖方必须给予买方办理保险所需信息	B3　运输合同和保险合同 a）运输合同 　　买方对卖方没有签订运输合同的义务 b）保险合同 　　买方对卖方没有签订保险合同的义务
A4　交货 　　卖方必须在指定地的约定点，将尚未装上接货车辆上的货物交给买方处置。如果在指定地未约定特定点，以及有若干个特定点可供选择时，卖方可以选择最有利的特定点。卖方必须按约定的日期或期限交货	B4　收货 　　买方必须在货物已按 A4 和 A7 规定被交付时接收货物
A5　风险转移 　　除 B5 的规定外，卖方承担货物灭失或损坏的一切风险，直至货物已按 A4 规定被交付为止	B5　风险转移 　　自货物按 A4 规定被交付时起，买方承担货物灭失或损坏的一切风险。由于买方未按 B7 规定通知卖方，自约定的交货日期或交货期限届满之日起承担货物灭失或损坏的一切风险，但以该项货物已清楚地被确定为本合同的货物为限
A6　费用划分 　　除 B6 的规定外，卖方必须负担与货物有关的一切费用，直至货物已按 A4 规定被交付为止	B6　费用划分 　　买方必须支付： a）自货物按 A4 规定被交付时起，与货物有关的一切费用； b）货物交给买方处置而买方未接收货物或未按 B7 规定给予卖方相应通知而发生的任何额外费用，但以该项货物已清楚地被确定为本合同的货物为限

（续表）

A 卖方义务	B 买方义务
	c) 货物出口需支付的一切关税、税款和其他费用，以及报关的费用； d) 偿付卖方按 A2 规定给予协助时所发生的一切费用
A7 通知买方 卖方必须给予买方接收货物所需通知	B7 通知卖方 一旦买方有权确定在约定期限内接收货物的具体时间和（或）地点时，买方必须就此给予卖方充分的通知
A8 交货单据 无义务	B8 交货凭证 买方必须向卖方提供已接收货物的相应凭证
A9 核对、包装、标记 卖方必须支付为按 A4 规定交货所需核对的费用（如核对品质、丈量、过磅、计数的费用） 卖方必须自负费用提供货物包装，除非按行业惯例，此类货物无需包装出售。卖方可按适合运输的方式包装，除非在签订合同前买方已将具体的包装要求通知卖方。包装上应适当地做好标记	B9 货物检验 买方必须支付装运前检验的费用，包括出口国当局强制实施的检验
A10 协助提供信息和相关费用 应买方要求并由其承担风险和费用，卖方必须及时协助买方取得办理货物出口和（或）进口和（或）安排货物运至最终目的地所需的一切单证和信息，包括安全信息	B10 协助提供信息和相关费用 买方必须及时通知卖方有关安全信息的各项要求，以使卖方履行 A10 规定 买方必须偿付卖方因协助取得 A10 规定的单证和信息而发生的一切费用

2. FCA

FCA（free carrier）的中文意思是"货交承运人"，是指卖方在其所在地或者其他指定地将货物交给买方指定的承运人或者指定的其他人（如图 3-6 所示）。本规则适用于任何一种单式运输，也适用于一种以上的运输方式。

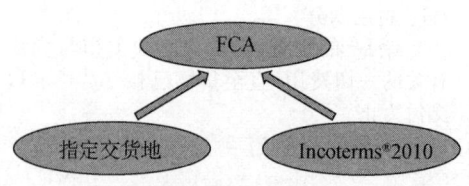

图 3-6 FCA 示意图

双方应尽可能清楚地确定指定地的特定地点,风险在该点转移至买方。如果双方约定在卖方所在地交货,则应确定卖方所在地为指定交货地。如果双方约定在其他地点交货,则必须先确定其为指定交货地。

FCA 要求卖方负责出口清关。但是卖方不负责进口清关、支付进口税或办理进口报关手续(见表 3-6)。

表 3-6 FCA 买卖双方义务

A 卖方义务	B 买方义务
A1 一般义务 　　卖方必须提供符合买卖合同规定的货物和商业发票以及合同可能要求的、证明货物符合合同规定的其他凭证。A1~A10 所指单证可以是约定的或按惯例、具有同等效力的电子记录或程序	B1 一般义务 　　买方必须按买卖合同规定支付价款。B1~B10 所指单证可以是约定的或按惯例、具有同等效力的电子记录或程序
A2 许可证件、其他核准文件、安全确认和报关手续 　　卖方必须自负风险和费用,取得出口许可证件或其他核准文件,并办理货物出口的一切报关手续	B2 许可证件、其他核准文件、安全确认和报关手续 　　买方必须自负风险和费用,取得进口许可证件或其他核准文件,并办理货物进口和经由他国过境运输的一切报关手续
A3 运输合同和保险合同 a) 运输合同 　　卖方对买方没有签订运输合同的义务。但是如果买方要求或如果这是一种商业惯例,在买方未适时给予卖方相反指示的情况下,卖方可按通常条件签订运输合同,而由买方承担费用和风险。在上述情况下,卖方可以拒绝签订运输合同;如果拒绝,则应立即通知买方 b) 保险合同 　　卖方对买方没有签订保险合同的义务。但是,应买方要求并由其承担险和费用,卖方必须给予买方办理保险所需的信息	B3 运输合同和保险合同 a) 运输合同 　　买方必须自负费用,签订自指定交货地运输货物的合同,除非卖方按 A3 a)规定签订运输合同 b) 保险合同 　　买方对卖方没有签订保险合同的义务
A4 交货 　　卖方必须在约定的交货日期或期限内,在指定地的约定点,将货物交给买方指定的承运人或指定的其他人 　　交货完成是指:	B4 收货 　　买方必须在货物已按 A4 规定被交付时接收货物

A　卖方义务	B　买方义务
a）如果指定在卖方所在地交货，当货物被装上买方提供的运输工具上时； b）如果指定在其他地点交货，当货物在卖方的运输工具上待卸，由买方指定的承运人或指定的其他人处置时。如果买方未按 B7 d）规定将指定交货地的特定点通知卖方，以及有若干特定点可供选择时，卖方可选择最有利的特定点； c）除非买方另有通知，卖方可按货物的数量和（或）性质所要求的方式将货物交付运输	
A5　风险转移 　　除 B5 的规定外，卖方承担货物灭失或损坏的一切风险，直至货物已按 A4 规定被交付时为止	B5　风险转移 　　自货物按 A4 规定被交付时起，买方承担货物灭失或损坏的一切风险 a）买方未按 B7 规定将 A4 规定的指定承运人或指定的其他人的情况通知卖方； b）按 A4 规定的买方指定承运人或其他人未能接管货物，自以下时刻起，买方承担货物灭失或损坏的一切风险，但以该项货物已清楚地被确定为本合同的货物为限： 　　（i）自约定之日起或没有约定日期； 　　（ii）自卖方按 A7 规定在约定的期限内通知之日起或没有通知日期； 　　（iii）自约定的交货期限届满之日起
A6　费用划分 　　卖方必须支付： a）除 B6 的规定外，与货物有关的一切费用，直至货物已按 A4 规定被交付时为止； b）货物出口需支付的一切关税、税款和其他费用，以及报关费用	B6　费用划分 买方必须支付： a）自货物已按 A4 规定被交付时起，与货物有关的一切费用，但是 A6 b）所指货物出口需支付的一切关税、税款和其他费用，以及报关费用除外； b）由于以下原因发生的额外费用，但以该项货物已清楚地被确定为本合同的货物为限 　　（i）买方未按 A4 规定指定承运人或其他人； 　　（ii）买方指定的人未按 A4 规定接管货物； 　　（iii）买方未按 B7 规定给予卖方相应通知 c）货物进口和经由他国过境运输所需支付的一切关税、税款和其他费用以及报关费用

（续表）

A 卖方义务	B 买方义务
A7 通知买方 由买方承担风险和费用，卖方必须给予买方充分的通知，说明货物已按 A4 规定被交付或说明买方指定的承运人或其他人未在约定时间接收货物	B7 通知卖方 a) 按 A4 规定的指定承运人或其他人的名称，使卖方有充分时间按此条款交货； b) 指定承运人或其他人在约定的期限内接收货物的确切时间； c) 指定人使用的运输方式； d) 指定地点的收货点
A8 交货单据 卖方必须自负费用向买方提供货物已按 A4 规定被交付的通常证明。应买方要求并由其承担风险和费用，卖方必须协助买方取得运输单据	B8 交货凭证 买方必须接受 A8 规定的交货证明
A9 核对、包装、标记 卖方必须支付为按 A4 规定交货所需核对的费用（如核对品质、丈量、过磅、计数的费用）以及出口国当局强制实施的装运前检验的费用 卖方必须自负费用提供货物包装（除非按行业惯例，此类货物无需包装出售）。卖方可按适合运输的方式包装，除非在签订合同前买方已将具体的包装要求通知卖方。包装上应适当地做好标记	B9 货物检验 买方必须支付强制实施的装运前检验的费用，但出口国当局强制实施的检验除外
A10 协助提供信息和相关费用 应买方要求并由其承担风险和费用，卖方必须及时协助买方取得办理货物进口和（或）安排货物运至最终目的地所需的一切单证和信息，包括安全信息 卖方必须偿付买方因协助取得 B10 规定的单证和信息而发生的一切费用	B10 协助提供信息和相关费用 买方必须及时通知卖方有关安全信息的各项要求，以使卖方履行 A10 规定 买方必须偿付卖方因协助取得 A10 规定的单证和信息而发生的一切费用。应卖方要求并由其承担风险和费用，买方必须及时协助卖方取得办理货物运输、出口以及经由他国过境运输所需的一切单证和信息，包括安全信息

3. CPT

CPT（carriage paid to）的中文意思是"运费付至"，是指卖方在双方约定的地点向其指定的承运人或者其他人交货，卖方必须签订运输合同，支付货物运至指定目的地的运费（如图 3-7 所示）。本规则适用于任何一种单式运输，也适用于一种以上的运输方式。

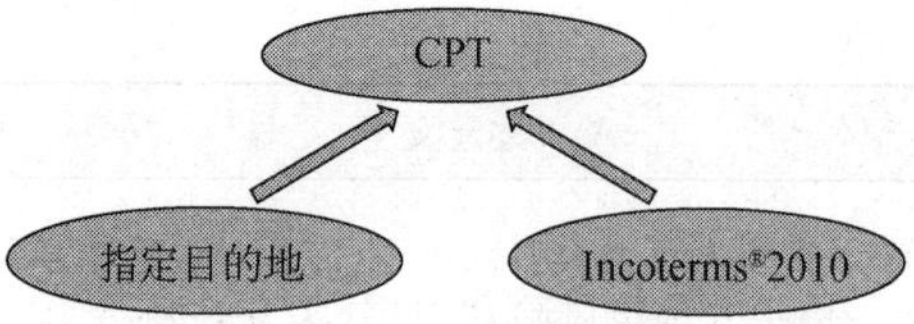

图3-7　CPT 示意图

使用 CPT 的场合，卖方只要将货物交给承运人即完成交货，而不是货物到达目的地才完成交货。

本规则有一个关键点，即风险转移的地点和费用转移的地点是不同的。双方应在合同中尽可能确切地确定交货地和指定目的地，风险在交货地转移至买方，卖方必须签订运输合同，将货物运至指定目的地。

如果使用多个承运人将货物运至约定目的地，同时买卖双方又未确定特定的交货地点，则默认为风险在货物被交付给第一承运人时转移。如果双方希望在后阶段转移风险（如在海港或者机场），应在合同中予以明确。双方应尽可能确切地确定约定目的地的特定地点，至该点为止的费用由卖方承担。

卖方应取得与本规则完全相符的运输合同。如果运输合同包括了指定目的地的卸货费用，卖方不得要求买方予以补偿，除非双方另有协议。

CPT 要求卖方负责货物出口清关，但是卖方不负责货物进口清关、支付进口税或者办理进口报关手续（见表 3-7）。

表 3-7　CPT 买卖双方义务

A　卖方义务	B　买方义务
A1　一般义务 　　卖方必须提供符合买卖合同规定的货物和商业发票以及合同可能要求的、证明货物符合合同规定的其他凭证。A1～A10 所指单证可以是约定的或按惯例、具有同等效力的电子记录或程序	B1　一般义务 　　买方必须按买卖合同规定支付价款。B1～B10 所指单证可以是约定的或按惯例、具有同等效力的电子记录或程序
A2　许可证件、其他核准文件、安全确认和报关手续 　　卖方必须自负风险和费用，取得出口许可证件或其他核准文件，并办理货物出口和交货前经由他国过境运输的一切报关手续	B2　许可证件、其他核准文件、安全确认和报关手续 　　买方必须自负风险和费用，取得进口许可证件或其他核准文件，并办理货物进口和经由他国过境运输的一切报关手续

（续表）

A　卖方义务	B　买方义务
A3　运输合同和保险合同 a）运输合同 　　卖方必须签订或取得运输合同,将货物自交货地的约定交货点运至指定目的地或指定目的地的任何特定点 　　卖方必须自负费用按通常条件签订运输合同,按通常路线及习惯方式运输。如果未约定特定点或按惯例无法确定,则卖方可选择最有利的交货点和指定目的地的特定点 　　b）保险合同 　　卖方对买方没有签订保险合同的义务。但是,根据买方要求并由其承担风险和费用,卖方必须给予买方办理保险所需的信息	B3　运输合同和保险合同 a）运输合同 　　买方对卖方没有签订运输合同的义务 b）保险合同 　　买方对卖方没有签订保险合同的义务。但是,根据要求,买方必须给予卖方办理保险所需的信息
A4　交货 　　卖方必须在约定的日期或期限内,将货物交给按 A3 签约的承运人	B4　收货 　　买方必须在货物已按 A4 规定被交付时接收交货,并在指定目的地向承运人收取货物
A5　风险转移 　　除 B5 的规定外,卖方承担货物灭失或损坏的一切风险,直至货物已按 A4 规定被交付时为止	B5　风险转移 　　自货物按 A4 规定被交付时起,买方承担货物灭失或损坏的一切风险 　　如果买方未按 B7 规定给予卖方通知,则买方必须自约定交货日期或交货期限届满之日起,承担货物灭失或损坏的一切风险,但以该项货物已清楚地被确定为本合同的货物为限
A6　费用划分 　　卖方必须支付: a）除 B6 的规定外,与货物有关的一切费用,直至货物已按 A4 规定被交付时为止; b）按 A3a)规定所发生的运费和其他一切费用,包括按运输合同由卖方负担的装货费和目的地的卸货费; c）出口需支付的报关费用,一切关税、税款和其他费用,以及按运输合同由卖方负担,货物经由他国过境运输的费用	B6　费用划分 　　除 A3 a)的规定外,买方必须支付: a）货物已按 A4 规定被交付时起的一切费用,但是 A6 c)所指货物出口应支付的报关费用,一切关税、税款和其他费用除外; b）货物在运输途中直至到达目的地为止的一切费用,除非此类费用按运输合同由卖方负担; c）卸货费,除非此类费用按运输合同由卖方负担; d）如果买方未按 B7 规定给予卖方通知,则自约定的装运日期或约定的装运期限届满之日起,货物所发生的一切额外费用,但以该项货物已清楚地被确定为本合同的货物为限

A 卖方义务	B 买方义务
	e）货物进口需支付的一切关税、税款和其他费用，以及报关的费用和经由他国过境运输的费用，除非此类费用已包括在运输合同内
A7 通知买方 　　卖方必须给予买方说明货物已按 A4 规定被交付的通知。卖方必须给予买方任何必要的通知，以使买方能为接收货物采取通常必要的措施	B7 通知卖方 　　一旦买方有权决定发送货物的时间和（或）指定目的地或指定目的地的收货点，买方必须就此给予卖方充分的通知
A8 交货单据 　　按惯例或应买方要求，卖方必须自负费用向买方提供根据 A3 签约而取得的通常运输单据。运输单据必须载明合同货物，其日期应在约定的装运期内 　　按约定或按惯例，运输单据也必须使买方能在指定目的地向承运人索取货物，以及使买方能通过转让单据给下家或通过给予承运人通知以出售在途货物 　　如果运输单据签发为可转让的，数份正本的，则必须向买方提交全套正本	B8 交货凭证 　　买方必须接受 A8 规定的运输单据，如果该单据与合同相符
A9 核对、包装、标记 　　卖方必须支付为按 A4 规定交货所需核对的费用（如核对品质、丈量、过磅、计数的费用）以及出口国当局强制实施的装运前检验的费用 　　卖方必须自负费用提供货物包装，除非按行业惯例，此类货物无须包装出售。卖方可按适合运输的方式包装，除非在签订合同前买方已将具体的包装要求通知卖方。包装上应适当地做好标记	B9 货物检验 　　买方必须支付强制实施的装运前检验的费用，但出口国当局强制实施的检验除外
A10 协助提供信息和相关费用 　　应买方要求并由其承担风险和费用，卖方必须及时协助买方取得办理货物进口和（或）安排货物运至最终目的地所需的一切单证和信息，包括安全信息 　　卖方必须偿付买方因协助取得 B10 规定的单证和信息而发生的一切费用	B10 协助提供信息和相关费用 　　买方必须及时通知卖方有关安全信息的各项要求，以便卖方履行 A10 规定 　　买方必须偿付卖方因协助取得 A10 规定的单证和信息而发生的一切费用。应卖方要求并由其承担风险和费用，买方必须及时协助卖方取得办理货物运输、出口以及经由他国过境运输所需的一切单证和信息，包括安全信息

4. CIP

CIP(carriage and insurance paid to)的中文意思是"运费＋保费付至",是指卖方在双方约定的地点向其指定的承运人或者其他人交货,卖方必须签订运输合同,支付将货物运至指定目的地的运费;卖方还须对货物在运输途中灭失或损坏的风险取得货物保险,签订保险合同并支付保险费(如图3-8所示)。本规则适用于任何一种单式运输,也适用于一种以上的运输方式。

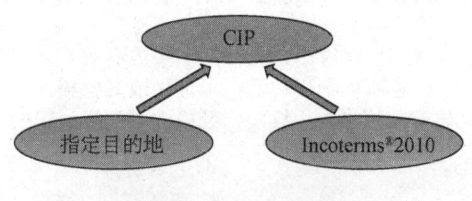

图 3-8 CIP 示意图

CIP只要求卖方投保最小责任的保险险别,如果买方需得到更大责任的保险保障,则需明示地与卖方达成协议,或者自行安排额外的保险。

使用CIP的场合,卖方只要将货物交给承运人即完成交货,而不是在货物到达目的地才完成交货。

本规则有一个关键点,即风险转移的地点和费用转移的地点是不同的。双方应在合同中尽可能确切地确定交货地和指定目的地,风险在交货地转移至买方,卖方必须签订运输合同,将货物运至指定目的地。

如果使用多个承运人将货物运至约定目的地,同时买卖双方又未确定特定的交货地点,则默认为风险在货物被交付给第一承运人时转移。如果双方希望在后阶段转移风险(如在海港或者机场),应在合同中予以明确。双方应尽可能确切地确定约定目的地的特定地点,至该点为止的费用由卖方承担。

卖方应取得与本规则完全相符的运输合同。如果运输合同包括了指定目的地的卸货费用,卖方不得要求买方予以补偿,除非双方另有协议。

CIP要求卖方负责货物出口清关,但是卖方不负责货物进口清关、支付进口税或者办理进口报关手续(见表3-8)。

表 3-8　CIP 买卖双方义务

A　卖方义务	B　买方义务
A1　一般义务 卖方必须提供符合买卖合同规定的货物和商业发票以及合同可能要求的、证明货物符合合同规定的其他凭证。A1～A10 所指单证可以是约定的或按惯例、具有同等效力的电子记录或者程序	B1　一般义务 买方必须按买卖合同规定支付价款。B1～B10 所指单证可以是约定的或按惯例、具有同等效力的电子记录或者程序
A2　许可证件、其他核准文件、安全确认和报关手续 卖方必须自负风险和费用,取得出口许可证件或其他核准文件,并办理货物出口和交货前经由他国过境运输的一切报关手续	B2　许可证件、其他核准文件、安全确认和报关手续 买方必须自担风险和费用,取得进口许可证件或其他核准文件,并办理货物进口和经由他国过境运输的一切报关手续
A3　运输合同和保险合同 a) 运输合同 卖方必须签订或取得运输合同,将货物自交货地点的约定交货点运至指定的目的地或指定目的地的任何特定点 卖方必须自负费用按通常条件签订运输合同,按通常路线及习惯方式运输。如果未约定特定点或按惯例无法确定,则卖方可选择最有利的交货点和指定目的地的特定点 b) 保险合同 卖方必须自负费用取得货物保险,至少应按《劳氏市场协会(LMA)》/《国际保险协会(IUA)》协会货物条款(C)或其他类似条款中的最小责任的保险险别投保。保险合同应与信誉良好的保险人或保险公司订立,以使买方或任何其他对货物具有保险利益的人有权直接向保险人索赔 应买方要求、由买方提供给卖方所需的信息并负担费用,卖方应在可能的情况下安排额外保险,如 LMA/IUA 协会货物条款(A)或(B)或其他类似条款和(或)LMA/IUA 协会战争险条款和(或)协会罢工险条款或其他类似条款 最低保险金额应为合同价款加 10%(即 110%),并应采用合同货币 保险责任应自 A4 和 A5 规定的交货点开始,至少到指定目的地为止。卖方必须向买方提供保险单或其他保险凭证。但是,应买方要求并由其承担风险和费用,卖方必须给予买方办理额外保险所需的信息	B3　运输合同和保险合同 a) 运输合同 买方对卖方没有签订运输合同的义务 b) 保险合同 买方对卖方没有签订保险合同的义务。但是,应卖方要求,买方必须给予卖方所需的信息,以使其办理买方按 A3b) 规定要求的额外保险

（续表）

A　卖方义务	B　买方义务
A4　交货 　　卖方必须在约定的日期或期限内,将货物交给按 A3 签约的承运人	**B4　收货** 　　买方必须在货物已按 A4 规定被交付时接收交货,并在指定目的地向承运人收取货物
A5　风险转移 　　除 B5 的规定外,卖方承担货物灭失或损坏的一切风险,直至货物已按 A4 规定被交付时为止	**B5　风险转移** 　　自货物按 A4 规定被交付时起,买方承担货物灭失或损坏的一切风险 　　如果买方未按 B7 规定给予卖方通知,则买方必须自约定的交货日期或约定的交货期限届满之日起,承担货物灭失或损坏的一切风险,但以该项货物已清楚地被确定为本合同的货物为限
A6　费用划分 　　卖方必须支付: a) 除 B6 的规定外,与货物有关的一切费用,直至货物已按 A4 规定被交付时为止; b) 按 A3 a)规定所发生的运费和其他一切费用,包括按运输合同由卖方负担的装货费和目的地的卸货费; c) 按 A3 b)规定所发生的保险费; d) 出口需支付的报关费用,一切关税、税款和其他费用,以及按运输合同由卖方负担,货物经由他国过境运输的费用	**B6　费用划分** 　　除 A3 a)的规定外,买方必须支付: a) 货物已按 A4 规定被交付时起的一切费用,但是 A6 d)所指货物出口需支付的报关费用,一切关税、税款和其他费用除外; b) 货物在运输途中直至到达目的地为止的一切费用,除非此类费用按运输合同由卖方负担; c) 卸货费,除非此类费用按运输合同由卖方负担; d) 如买方未按照 B7 规定给予卖方通知,则自约定的装运日期或装运期限届满之日起,货物所发生的一切额外费用,但以该项货物已清楚地被确定为本合同的货物为限; e) 货物进口需支付的一切关税、税款和其他费用,以及报关的费用和经由他国过境运输的费用,除非此类费用已包括在运输合同内; f) 应买方要求,按 A3 和 B3 规定安排额外保险的费用
A7　通知买方 　　卖方必须给予买方说明货物已按 A4 规定被交付的通知。卖方必须给予买方任何必要的通知,以使买方能够为接收货物采取通常必要的措施	**B7　通知卖方** 　　一旦买方有权决定发送货物的时间和/或指定目的地或指定目的地的收货点,买方必须就此给予卖方充分的通知

（续表）

A 卖方义务	B 买方义务
A8 交货单据 　　按惯例或应买方要求，卖方必须自负费用向买方提供根据 A3 签约而取得的通常运输单据。运输单据必须载明合同货物，其日期应在约定的装运期内 　　按约定或按惯例，运输单据必须使买方能通过转让单据给下家或通过给予承运人通知以出售在途货物。 　　如果运输单据签发为可转让的，数份正本的，则必须向买方提交全套正本	B8 交货凭证 　　买方必须接受 A8 规定的运输单据，如果该单据与合同相符
A9 核对、包装、标记 　　卖方必须支付为按 A4 规定交货所需核对的费用（如核对品质、丈量、过磅、计数的费用）以及出口国当局强制实施的装运前检验的费用 　　卖方必须自负费用提供货物包装，除非按行业惯例，此类货物无须包装出售。卖方可按适合运输的方式包装，除非在签订合同前买方已将具体的包装要求通知卖方。包装上应适当地做好标记	B9 货物检验 　　买方必须支付强制实施的装运前检验的费用，但出口国当局强制实施的检验除外
A10 协助提供信息和相关费用 　　应买方要求并由其承担风险和费用，卖方必须及时协助买方取得办理货物进口和（或）安排货物运至最终目的地所需的一切单证和信息，包括安全信息 　　卖方必须偿付买方因协助取得 B10 规定的单证和信息而发生的一切费用	B10 协助提供信息和相关费用 　　买方必须及时通知卖方有关安全信息的各项要求，以便卖方履行 A10 规定 　　买方必须偿付卖方因协助取得 A10 规定的单证和信息而发生的一切费用 　　应卖方要求并由其承担风险和费用，买方必须及时协助卖方取得办理货物运输、出口以及经由他国过境运输所需的一切单证和信息，包括安全信息

5. DAP

DAP（delivered at place）的中文意思是"目的地交货"，是指卖方在指定目的地，在已到达指定目的地、准备卸货的运输工具上将货物交给买方即完成交货。卖方承担将货物运至指定目的地的一切风险（如图 3-9 所示）。本

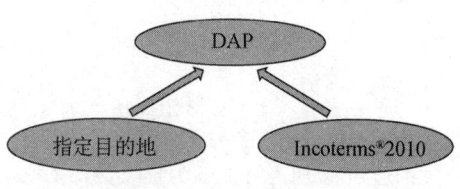

图 3-9　DAP 示意图

规则适用于任何一种单式运输,也适用于一种以上的运输方式。

双方应尽可能清楚地确定约定目的地的特定地点,到该点为止的风险由卖方承担。卖方应取得与本规则完全相符的运输合同,如果运输合同包括了目的地的卸货费用,卖方不得要求买方予以补偿,除非双方另有协议。

DAP 要求卖方负责货物出口清关,但是卖方不负责货物进口清关、支付进口税或者办理进口报关手续(见表 3-9)。如果双方约定由卖方负责进口清关,支付进口税和办理进口报关手续,则应使用 DDP 规则。

表 3-9　DAP 买卖双方义务

A　卖方义务	B　买方义务
A1　一般义务 　　卖方必须提供符合买卖合同规定的货物和商业发票以及合同可能要求的、证明货物符合合同规定的其他凭证。A1～A10 所指单证可以是约定的或按惯例、具有同等效力的电子记录或程序	B1　一般义务 　　买方必须按买卖合同规定支付价款。B1～B10 所指单证可以是约定的或按惯例、具有同等效力的电子记录或程序
A2　许可证件、其他核准文件、安全确认和报关手续 　　卖方必须自负风险和费用,取得出口许可证件或其他核准文件,并办理货物出口和交货前经由他国过境运输的一切报关手续	B2　许可证件、其他核准文件、安全确认和报关手续 　　买方必须自负风险和费用,取得进口许可证件或其他核准文件,并办理货物进口和经由他国过境运输的一切报关手续
A3　运输合同和保险合同 a) 运输合同 　　卖方必须自负费用签订运输合同,将货物运至指定目的地或指定目的地的约定点。如果未约定特定点或按惯例无法确定,则卖方可在指定目的地选择最有利的特定点 b) 保险合同 　　卖方对买方没有签订保险合同的义务。但是,应买方要求并由其承担风险和费用,卖方必须给予买方办理保险所需的信息	B3　运输合同和保险合同 a) 运输合同 　　买方对卖方没有签订运输合同的义务 b) 保险合同 　　买方对卖方没有签订保险合同的义务。但是,根据要求,买方必须给予卖方办理保险所需的信息
A4　交货 　　卖方必须在约定的日期或期限内,在指定目的地的约定点,在到达的、准备卸货的运输工具上将货物交给买方处置	B4　收货 　　买方必须在货物已按 A4 规定被交付时接收交货

(续表)

A 卖方义务	B 买方义务
A5 风险转移 除 B5 的规定外,卖方承担货物灭失或损坏的一切风险,直至货物已按 A4 规定被交付时为止	B5 风险转移 自货物按 A4 规定被交付时起,买方承担货物灭失或损坏的一切风险 a) 买方未履行 B2 规定的义务,则承担由此而发生的货物灭失或损坏的一切风险; b) 买方未按 B7 规定通知卖方,则自约定的交货日期或交货期限届满之日起,承担货物灭失或损坏的一切风险,但以该项货物已清楚地被确定为本合同的货物为限
A6 费用划分 卖方必须支付: a) 按 A3 a)规定发生的费用,以及按 A4 规定交货之前与货物有关的一切费用,但是按 B6 规定由买方支付的费用除外; b) 按运输合同由卖方负担的目的地卸货费; c) 出口需支付的报关费用,一切关税、税款和其他费用,和按 A4 规定交货前货物经由他国过境运输的费用	B6 费用划分 买方必须支付: a) 货物已按 A4 规定被交付时起的一切费用; b) 在指定目的地为接收货物所需的货物从到达的运输工具上卸下的卸货费,除非此类费用按运输合同由卖方负担; c) 由于买方未履行 B2 规定的义务或未按 B7 规定发出通知,卖方发生的一切额外费用,但以该项货物已清楚地被确定为本合同的货物为限; d) 货物进口需支付报关费用,一切关税、税款和其他费用
A7 通知买方 卖方必须给予买方任何必要的通知,以使买方能够为接收货物采取通常必要的措施	B7 通知卖方 一旦买方有权决定约定期限内的收货时间和(或)指定目的地的收货点,买方必须就此给予卖方充分的通知
A8 交货单据 卖方必须自负费用向买方提供单据,以使买方根据 A4/B4 规定接收货物	B8 交货凭证 买方必须接受 A8 规定的交货单据
A9 核对、包装、标记 卖方必须支付为按 A4 规定交货所需核对的费用(如核对品质、丈量、过磅、计数的费用)以及出口国当局强制实施的装运前检验的费用 卖方必须自负费用提供货物包装,除非按行业惯例,此类货物无须包装出售。卖方可按适合运输的方式包装,除非在签订合同前买方已将具体的包装要求通知卖方	B9 货物检验 买方必须支付强制实施的装运前检验的费用,但出口国当局强制实施的检验除外

（续表）

A 卖方义务	B 买方义务
A10 协助提供信息和相关费用 应买方要求并由其承担风险和费用,卖方必须及时协助买方取得办理货物进口和（或）安排货物运至最终目的地所需的一切单证和信息,包括安全信息 卖方必须偿付买方因协助取得 B10 规定的单证和信息而发生的一切费用	B10 协助提供信息和相关费用 买方必须及时通知卖方有关安全信息的各项要求,以使卖方履行 A10 规定 买方必须偿付卖方因协助取得 A10 规定的单证和信息而发生的一切费用 应卖方要求并由其承担风险和费用,买方必须及时协助卖方取得办理货物运输、出口以及经由他国过境运输所需的一切单证和信息,包括安全信息

6. DDP

DDP(delivered duty paid)的中文意思是"完税后交货",是指卖方在指定目的地办理货物进口清关手续,在已到达指定目的地、准备卸货的运输工具上将货物交给买方即完成交货。卖方承担将货物运至指定目的地的一切费用和风险,不仅负责货物出口清关,而且负责货物进口清关,以及支付进出口税和办理一切报关手续(如图 3-10 所示)。本规则适用于任何一种单式运输,也适用于一种以上的运输方式。

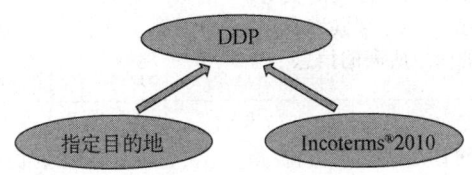

图 3-10 DDP 示意图

DDP 规则下卖方承担最大责任(见表 3-10)。双方应尽可能清楚地确定约定目的地的特定地点,到该点为止的风险由卖方承担。卖方应取得与本规则完全相符的运输合同。如果运输合同包括了目的地的卸货费用,卖方不得要求买方予以补偿,除非双方另有协议。

如果卖方不能直接或者间接地办理进口清关,则不应使用 DDP 规则。如果双方约定由买方承担进口清关的一切风险和费用,则应使用 DAP 规则。

表 3-10　DDP 买卖双方义务

A　卖方义务	B　买方义务
A1　一般义务 　　卖方必须提供符合买卖合同规定的货物和商业发票以及合同可能要求的、证明货物符合合同规定的其他凭证。A1～A10 所指单证可以是约定的或按惯例、具有同等效力的电子记录或程序	**B1　一般义务** 　　买方必须按买卖合同规定支付价款。B1～B10 所指单证可以是约定的或按惯例、具有同等效力的电子记录或程序
A2　许可证件、其他核准文件、安全确认和报关手续 　　卖方必须自负风险和费用，取得进出口许可证件或其他核准文件，并办理货物出口和经由他国过境运输以及进口的一切报关手续	**B2　许可证件、其他核准文件、安全确认和报关手续** 　　应卖方要求并由其承担风险和费用，买方必须协助卖方取得办理货物进口所需的进口许可证件或其他核准文件
A3　运输合同和保险合同 a) 运输合同 　　卖方必须自负费用签订运输合同，将货物运至指定目的地或指定目的地的约定点。如果未约定特定点或按惯例无法确定，则卖方可在指定目的地选择最有利的特定点 b) 保险合同 　　卖方对买方没有签订保险合同的义务。但是，根据买方要求并由其承担风险和费用，卖方必须给予买方办理保险所需的信息	**B3　运输合同和保险合同** a) 运输合同 　　买方对卖方没有签订运输合同的义务 b) 保险合同 　　买方对卖方没有签订保险合同的义务。 　　但是，根据要求，买方必须给予卖方办理保险所需的信息
A4　交货 　　卖方必须在约定的日期或期限内，在指定目的地的约定点，在到达的、准备卸货的运输工具上将货物交给买方处置	**B4　收货** 　　买方必须在货物已按 A4 规定被交付时接收交货
A5　风险转移 　　除 B5 的规定外，卖方承担货物灭失或损坏的一切风险，直至货物已按 A4 规定被交付时为止	**B5　风险转移** 　　自货物按 A4 规定被交付时起，买方承担货物灭失或损坏的一切风险 a) 买方未履行 B2 规定的义务，则承担由此而发生的货物灭失或损坏的一切风险 b) 买方未按 B7 规定通知卖方，则自约定的交货日期或交货期限届满之日起，承担货物灭失或损坏的一切风险，但以该项货物已清楚地被确定为本合同的货物为限

A　卖方义务	B　买方义务
A6　费用划分 　　卖方必须支付： a）按 A3 a)规定发生的费用，以及按 A4 规定交货之前与货物有关的一切费用，但是按 B6 规定由买方支付的费用除外； b）按运输合同由卖方负担的目的地卸货费； c）进出口需支付的报关费用、一切关税、税款和其他费用，以及按 A4 规定交货前货物经由他国过境运输的费用	B6　费用划分 　　买方必须支付： a）货物已按 A4 规定被交付时起的一切费用； b）在指定目的地从到达的运输工具上接收货物所需的一切卸货费，除非此类费用按运输合同由卖方负担； c）由于买方未履行 B2 规定的义务或未按 B7 规定发出通知，卖方发生的一切额外费用，但以该项货物已清楚地被确定为本合同的货物为限
A7　通知买方 　　卖方必须给予买方任何必要的通知，以使买方能够为接收货物采取通常必要的措施	B7　通知卖方 　　一旦买方有权决定约定期限内的收货时间和(或)指定目的地的收货点，买方必须就此给予卖方充分的通知
A8　交货单据 　　卖方必须自负费用向买方提供单据，以使买方按 A4/B4 规定接收货物	B8　交货凭证 　　买方必须接受 A8 规定的交货单据
A9　核对、包装、标记 　　卖方必须支付为按 A4 规定交货所需核对的费用（如核对品质、丈量、过磅、计数的费用）以及进出口国当局强制实施的装运前检验的费用 　　卖方必须自负费用提供货物包装，除非按行业惯例，此类货物无须包装出售。卖方可按适合运输的方式包装，除非在签订合同前买方已将具体的包装要求通知卖方。包装上应适当地做好标记	B9　货物检验 　　买方对卖方没有义务支付进出口国当局强制实施的装运前检验的费用
A10　协助提供信息和相关费用 　　应买方要求并由其承担风险和费用，卖方必须及时协助买方取得安排货物从指定目的地运至最终目的地所需的一切单证和信息，包括安全信息 　　卖方必须偿付买方因协助取得 B10 规定的单证和信息而发生的一切费用	B10　协助提供信息和相关费用 　　买方必须及时通知卖方有关安全信息的各项要求，以便卖方履行 A10 规定 　　买方必须偿付卖方因协助取得 A10 规定的单证和信息而发生的一切费用 　　应卖方要求并由其承担风险和费用，买方必须及时协助卖方取得办理货物运输、进出口以及经由他国过境运输所需的一切单证和信息，包括安全信息

7. DAT

DAT(delivered at terminal)中文意思是"目的地货站交货",是指卖方在指定目的地的指定货站从已到达的运输工具上卸下货物并交给买方即完成交货。货站包括码头、仓库、集装箱堆场或者公路、铁路、航空货运站等所有地点,不论这些地点是否有遮盖设施。卖方承担将货物运至指定目的地货站并卸下货物前的一切风险(如图 3-11 所示)。本规则适用于任何一种单式运输,也适用于一种以上的运输方式。

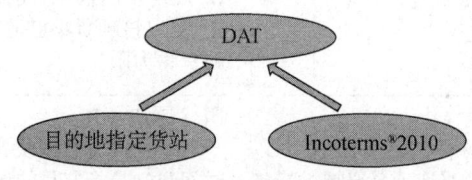

图 3-11 DAT 示意图

DAT 规则下,双方应尽可能清楚地确定约定目的地货站和特定点,到该点为止的风险由卖方承担。卖方应取得与本规则完全相符的运输合同。

DAT 要求卖方负责货物出口清关,但是卖方不负责货物进口清关、支付进口税或者办理进口报关手续(见表 3-11)。

表 3-11 DAT 买卖双方义务

A 卖方义务	B 买方义务
A1 一般义务 　　卖方必须提供符合买卖合同规定的货物和商业发票以及合同可能要求的、证明货物符合合同规定的其他凭证。A1～A10 所指单证可以是约定的或按惯例、具有同等效力的电子记录或程序	B1 一般义务 　　买方必须按买卖合同规定支付价款。B1～B10 所指单证可以是约定的或按惯例、具有同等效力的电子记录或程序
A2 许可证件、其他核准文件、安全确认和报关手续 　　卖方必须自负风险和费用,取得出口许可证件或其他核准文件,并办理货物出口和交货前经由他国过境运输的一切报关手续	B2 许可证件、其他核准文件、安全确认和报关手续 　　买方必须自负风险和费用,取得进口许可证件或其他核准文件,并办理货物进口和经由他国过境运输的一切报关手续

A 卖方义务	B 买方义务
A3 运输合同和保险合同 a）运输合同 　　卖方必须自负费用签订运输合同，将货物运至约定目的港（地）的指定货站。如果未约定特定货站或按惯例无法确定，则卖方可在约定目的港（地）选择最有利的货站 b）保险合同 　　卖方对买方没有签订保险合同的义务。但是，应买方要求并由其承担风险和费用，卖方必须给予买方办理保险所需的信息	B3 运输合同和保险合同 a）运输合同 　　买方对卖方没有签订运输合同的义务 b）保险合同 　　买方对卖方没有签订保险合同的义务。但是，根据要求，买方必须给予卖方办理保险所需的信息
A4 交货 　　卖方必须在约定的日期或期限内，在目的港（地）按 A3 a）所述指定货站，从到达的运输工具上卸下货物，并将货物交给买方处置	B4 收货 　　买方必须在货物已按 A4 规定被交付时接收交货
A5 风险转移 　　除 B5 的规定外，卖方承担货物灭失或损坏的一切风险，直至货物已按 A4 规定交付时为止	B5 风险转移 　　自货物按 A4 规定被交付时起，买方承担货物灭失或损坏的一切风险 a）买方未履行 B2 规定的义务，则承担由此而发生的货物灭失或损坏的一切风险 b）买方未按 B7 规定通知卖方，则自约定的交货日期或交货期限届满之日起，承担货物灭失或损坏的一切风险，但以该项货物已清楚地被确定为本合同的货物为限
A6 费用划分 　　卖方必须支付： a）按 A3a）规定发生的费用，以及按 A4 规定交货之前与货物有关的一切费用，但是按 B6 规定由买方支付的费用除外； b）出口需支付的报关费用，一切关税、税款和其他费用，以及根据 A4 规定交货前货物经由他国过境运输的费用	B6 费用划分 　　买方必须支付： a）货物已按 A4 规定被交付时起的一切费用； b）由于买方未履行 B2 规定的义务或未按 B7 规定发出通知，卖方发生的一切额外费用，但以该项货物已清楚地被确定为本合同的货物为限； c）货物进口需支付的报关费用，一切关税、税款和其他费用
A7 通知买方 　　卖方必须给予买方任何必要的通知，以使买方能够为接收货物采取通常必要的措施	B7 通知卖方 　　一旦买方有权决定约定期限内的收货时间和（或）指定货站的收货点，买方必须就此给予卖方充分的通知

(续表)

A　卖方义务	B　买方义务
A8　交货单据 　　卖方必须自负费用向买方提供单据,以使买方按 A4/B4 规定接收货物	B8　交货凭证 　　买方必须接受 A8 规定的交货单据
A9　核对、包装、标记 　　卖方必须支付为按 A4 规定交货所需核对的费用(如核对品质、丈量、过磅、计数的费用)以及出口国当局强制实施的装运前检验的费用 　　卖方必须自负费用提供货物包装,除非按行业惯例,此类货物无须包装出售。卖方可按适合运输的方式包装,除非在签订合同前买方已将具体的包装要求通知卖方。包装上应适当地做好标记	B9　货物检验 　　买方必须支付强制实施的装运前检验的费用,但出口国当局强制实施的检验除外
A10　协助提供信息和相关费用 　　应买方要求并由其承担风险和费用,卖方必须及时协助买方取得办理货物进口和(或)安排货物运至最终目的地所需的一切单证和信息,包括安全信息 　　卖方必须偿付买方因协助取得 B10 规定的单证和信息而发生的一切费用	B10　协助提供信息和相关费用 　　买方必须及时通知卖方有关安全信息的各项要求,以使卖方履行 A10 规定 　　买方必须偿付卖方因协助取得 A10 规定的单证和信息而发生的一切费用 　　应卖方要求并由其承担风险和费用,买方必须及时协助卖方取得办理货物运输、出口以及经由他国过境运输所需的一切单证和信息,包括安全信息

三、常用贸易术语的价格构成与换算

在 FOB、CFR、CIF、FCA、CPT 和 CIP 的价格构成中,通常包括进货成本、费用和利润三方面内容。其中,费用的核算最为复杂,它通常包括国内费用和国际费用两部分。

(一) 国内费用

国内费用包括以下几种。

(1) 包装费。

（2）保管费。

（3）国内运输费用（如工厂至码头、空港、集装箱货运站、集装箱堆场等地的费用）。

（4）订舱费、集装箱码头作业费。

（5）证件费用（如商检费、公证费、领事签证费、产地证费、许可证费、报关费等）。

（6）银行费用。

（7）预计损耗费用（耗损、短损、漏损、破损、变质等）。

（8）邮电费。

（二）国际费用

国际费用主要有以下三种。

（1）国际运费。

（2）保险费。

（3）中间商佣金。

（三）常用贸易术语的价格构成

FOB(FCA) 价 ＝进货成本价＋国内费用＋利润

CFR(CPT) 价 ＝进货成本价＋国内费用＋国际运费＋利润

CIF(CIP) 价 ＝进货成本价＋国内费用＋国际运费＋保险费＋利润

（四）常用贸易术语的价格换算

1. FOB 价格换算

CFR 价 ＝FOB 价＋国际运费

CIF 价 ＝（FOB 价＋国际运费）÷（1－投保加成×保险费率）

2. CFR 价格换算

FOB 价 ＝CFR 价－国际运费

CIF 价 ＝CFR 价÷（1－投保加成×保险费率）

3. CIF 价格换算

FOB 价＝CIF 价×（1－投保加成×保险费率）－国际运费

CFR 价＝CIF 价×（1－投保加成×保险费率）

4. FCA 价换算为其他价

CPT 价＝FCA 价＋国际运费

CIP 价＝（FCA 价＋国际运费）÷（1－投保加成×保险费率）

5. CPT 价换算为其他价

FCA 价＝CPT 价－国际运费

CIP 价＝CPT 价÷（1－投保加成×保险费率）

6. CIP 价换算为其他价

FCA 价＝CIP 价×（1－投保加成×保险费率）－国际运费

CPT 价＝CIP 价×（1－投保加成×保险费率）

四、佣金与折扣

买卖双方在磋商和确定价格时，往往涉及佣金和折扣的规定。在国际货物买卖合同的价格条款中所规定的价格，可分为包含有佣金或折扣的价格和不包含这类因素的净价（net price）。包含有佣金的价格在业务中通常称为"含佣价"。

（一）佣金

佣金（commission）是指代理人或经纪人为委托人服务而收取的报酬。在货物买卖中，佣金常常表现为交易一方支付给中间商的报酬。

1. 佣金的规定方法

在价格条款中，对于佣金的规定有以下三种方法。

（1）凡价格中包括佣金的，即为"含佣价"，如每公吨 1 000 美元，CIF 香港，包括佣金 3%（US $1 000 per metric ton, CIF Hongkong, including 3%

commission)。

（2）用英文字母 C 代表佣金，并注明佣金的百分比，如每公吨 1 000 美元，CIFC 3％香港或 CIFC 3 香港。

（3）佣金也可以用绝对数表示，如每公吨支付佣金 30 美元。

交易双方在洽谈时，如果将佣金明确写入价格条款中，则称为"明佣"；如果交易双方对佣金虽然已经达成协议，但却不在合同中表示出来，约定的佣金由一方当事人另行支付，则称为"暗佣"。中间商或买主为了赚取"双头佣"（中间商从买卖双方都获得佣金），或为了达到逃汇或逃税的目的，往往选择使用"暗佣"。

2. 佣金的计算方法

佣金的计算有不同的方法，最常见的是以买卖双方的成交额或发票金额为基础计算佣金。佣金的计算公式为：

$$佣金额 = 含佣价 \times 佣金率$$

商品净价的计算公式为：

$$净价 = 含佣价 - 佣金额 = 含佣价 \times (1 - 佣金率)$$

［例 3-1］　已知某商品的卖方报价为每公吨 1 000 美元，CIFC 3％，则每公吨货物应支付的佣金和该商品的净价分别为：

$$佣金额 = 1 000 \times 3％ = 30(美金)$$
$$净价 = 1 000 \times (1 - 3％) = 970(美元)$$

如果已知商品净价，则其含佣价的计算公式为：

$$含佣价 = 净价 \div (1 - 佣金率)$$

［例 3-2］　已知某商品对外报价为 CIF 价每公吨 2 000 美元，外商要求报价为 CIFC 4％。如果保持我方的净收入不变，则对外改报的含佣价应为：

$$含佣价 = 2 000 \div (1 - 4％) = 2 083.33(美元)$$

（二）折扣

折扣（discount）是指卖方给予买方的价格减让。在我国对外贸易中，使用折扣主要是为了确保销售渠道和扩大销售。

1. 折扣的规定方法

（1）在价格条款中，一般用文字明确表示折扣比例。例如，CIF 香港，每公吨 1 000 美元，减 2％折扣（US $1 000 per metric ton, CIF Hongkong, less discount 2％）。

（2）折扣也可以用绝对数表示。例如，每公吨折扣 5 美元。

2. 折扣的计算方法

折扣通常是以成交金额或发票金额为基础计算出来的。因此，折扣的计算公式为：

$$折扣额＝含折扣价 \times 折扣率$$

卖方商品的实际净收入为：

$$净价＝含折扣价－折扣额＝含折扣价 \times（1－折扣率）$$

[例 3-3] 已知某商品的卖方报价为每公吨 1 000 美元，CIF 香港，折扣率为 2％，则卖方应支付给买方的折扣和商品的净价分别为：

$$折扣额＝1 000 \times 2％＝20（美金）$$
$$净价＝1 000 \times（1－2％）＝980（美元）$$

五、进出口商品成本的核算

（一）出口商品成本的核算

出口方在对外报价或磋商时，一般都要对拟出口的商品进行成本核算，以保证企业的经济效益。

出口商品总成本是指进出口企业为出口商品所支付的国内总成本，它由两部分构成:进货成本和国内费用。对于需要缴纳出口税的商品,其出口总成本中还要包括出口税。我国实行出口商品增值税退税制度,在计算出口商品总成本时应当扣除退税收入。其计算公式如下:

$$\underset{本(退税后)}{出口商品总成} = \underset{（含增值税）}{出口商品采购价格} + \underset{额费用}{国内定} - \underset{税退税收入}{出口商品增值}$$

其中,国内定额费用等于出口商品采购成本乘以费用定额率(该费率由各企业自行核定),定额费用一般包含银行利息、工资支出、邮电通信费用、交通费用、仓储费用、码头费用、企业管理费用等,退税收入的计算公式如下:

$$\underset{收入}{退税} = \underset{成本(含增值税)}{出口商品采购} \div \left(1 + \underset{税率}{增值}\right) \times 退税率$$

(二) 出口商品外汇净收入与出口换汇成本

出口外汇净收入指出口外汇总收入扣除劳务费用等非贸易外汇支出后的外汇收入。如果用 FOB 价格成交,则成交价格就是外汇净收入。如果用 CIF 价格成交,则成交价格扣除国际运费和保险费等劳务费用支出后即为外汇净收入。如果以含佣金价格成交,成交价格还要扣除佣金才能得出外汇净收入。

出口换汇成本指某出口商品换回一单位外汇所需要付出的本国货币(我国为人民币)成本,其计算公式为:

出口换汇成本 = 出口总成本(人民币) ÷ 出口外汇净收入(外币)

出口换汇成本是衡量出口交易盈亏的重要指标。它与外汇牌价进行比较能直接反映出商品出口是否盈利。例如,在一笔出口交易中,出口换汇成本为 6.8 元,如果当时外汇牌价为 1 美元可兑换 6.9 元人民币,则出口 1 美元的该商品可取得 0.1 元人民币的盈利。

(三) 出口盈亏额与出口盈亏率

出口盈亏额是指出口商品销售的人民币净收入与出口商品总成本的差额。出口盈亏率是出口盈亏额占出口商品总成本的比例,用百分比表示,它是衡量出

口盈亏程度的重要指标,其计算公式为:

$$\frac{出口}{盈亏率} = \left(\frac{出口销售人}{民币净收入} - \frac{出口}{总成本}\right) \div \frac{出口}{总成本} \times 100\%$$

(四) 进口商品成本的核算

进口商品总成本即进口商品的到岸价加上各项进口环节的费用,其计算公式为:

$$进口商品总成本 = 进口商品 CIF 价格 + 进口环节费用$$

当以 FOB 条件成交时,进口商品的 FOB 价格应加上从装运港到我国卸货港的运输费用和保险费用。其进口环节费用则包括:卸货费用、码头费用、驳船费用、码头仓租费用、进口关税、增值税和消费税、进口商品查验费用和其他公证费用、银行手续费用、利息支出、报关提货费用、国内运费、保险费、仓储费用。

(五) 进口商品盈亏额和进口商品盈亏率

进口商品盈亏额是指进口商品的国内销售价格和进口商品总成本之间的差额,其计算公式为:

$$\frac{进口商品}{盈亏率} = \left(\frac{国内销}{售价格} - \frac{进口}{总成本}\right) \div \frac{进口}{总成本}$$

相关链接

《关于审核跟单信用证项下单据的国际标准银行实务》(ISBP745)(节选)

发票

发票名称

第 C1 段

a. 如果信用证要求提交"发票"而未做进一步描述,则提交任何类型的发票(如商业发票、海关发票、税务发票、最终发票、领事发票等)即满足要求。但是,发票中不得出现"临时""形式"或类似名称。

b. 如果当信用证要求提交"商业发票",则提交名称为"发票"的单据即满足要求,即使该单据含有供税务使用的声明。

发票出具人

第 C2 段

a. 发票必须由受益人或者由已转让信用证项下的第二受益人出具。

b. 当受益人或第二受益人变更了名称,同时信用证提及的是以前的名称时,只要发票注明了该实体"以前的名称为(第一受益人或第二受益人的名称)"或类似措辞,发票就可以新实体的名称出具。

货物、服务或履约行为的描述和发票的其他一般性事项

第 C3 段

发票显示的货物、服务或履约行为的描述必须与信用证中的描述一致,但不要求镜像复制。例如,货物细节可以在发票的多处显示,其显示的货物描述与信用证中的描述一致即可。

第 C4 段

发票上的货物、服务或履约行为的描述必须反映实际装运或交付的货物、提供的服务或履约行为。例如,当信用证的货物描述要求装运 10 辆卡车和 5 辆拖拉机而实际只装运了 4 辆卡车时,只要信用证不禁止分批装运,发票就可以显示只装运了 4 辆卡车。

第 C5 段

发票显示与信用证规定一致的货物、服务或履约行为描述的同时,还可以显示与货物、服务或履约行为相关的额外信息,只要这些信息表面看不会指向货物、服务或履约行为的不同性质、等级或类别即可。

例如,当信用证要求装运"绒面革鞋子",但是发票将货物描述为"仿造绒面革鞋子";或当信用证要求"液压钻机",但是发票将货物描述为"二手液压钻机"时,这些描述表示货物的性质、等级或类别就出现了变化。

第 C6 段

发票必须显示:

a. 所装运或交付的货物,或所提供的服务或履约行为的价值;

b. 单价(当信用证有规定时);

c. 信用证中表明的相同币别;

d. 信用证要求的任何折扣或扣减。

第 C7 段

发票可以显示信用证未规定的预付款、折扣等的扣减。

第 C8 段

如果信用证规定了贸易术语作为货物描述的一部分,则发票必须显示该贸易术语;如果信用证规定了贸易术语的出处,则发票必须显示贸易术语的相同出处。例如,信用证规定贸易术语为"CIF Singapore Incoterms 2010",发票不得显示贸易术语为"CIF Singapore"或"CIF Singapore Incoterms"。但是,如果信用证规定贸易术语为"CIF Singapore"或者"CIF Singapore Incoterms",发票可以显示贸易术语为"CIF Singapore Incoterms 2010"或其他版本。

第 C9 段

诸如与单据、运费、保险费相关的额外费用和成本,必须包含在发票上显示的贸易术语所对应的价值之内。

第 C10 段

发票无须签署或注明日期。

第 C11 段

发票显示的货物总数量、其重量或尺寸,不得与其他单据显示的同一数据相矛盾。

第 C12 段

发票不应显示:

a. 超装(UCP600 第 30 条 b 款另有规定除外);

b. 信用证未规定的货物、服务及履约行为,即使发票包含了信用证规定货物、服务或履约行为的额外数量为免费或者样品和广告材料为免费。

第 C13 段

发票上显示的信用证规定的货物数量可以在 5% 的溢短装浮动幅度之

内。货物数量最高为 5％ 的变动,并不允许交单项下所要求的收款金额超过信用证金额。货物数量 5％ 的溢短装浮动幅度不适用于下列情形:

a. 信用证规定货物数量不得超过或减少;

b. 信用证以包装单位或商品件数规定货物数量。

第 C14 段

如果信用证未规定货物数量,并且禁止分批装运,则发票金额少于信用证金额不超过 5％ 的幅度,将视为发票涵盖全部货物数量,不构成分批装运。

装箱单

基本要求和功能满足

第 M1 段

如果信用证要求提交装箱单,则提交的单据包含货物包装的信息即满足其功能,装箱单标明信用证规定的名称或相似名称或没有名称,均符合信用证要求。

装箱单的出具人

第 M2 段

装箱单必须由信用证规定的实体出具。

第 M3 段

如果信用证没有规定出具人名称,装箱单可以由任何实体出具。

装箱单的内容

第 M4 段

如果信用证规定了具体的包装要求,则装箱单内货物包装的数据与该要求不得有矛盾。

第 M5 段

只要装箱单的出具人不是受益人,装箱单注明的发票号码、发票日期和运输路线可以与其他一种或多种规定单据上注明的不同。

第 M6 段

银行只审核总数值,包括但不限于总数量、总重量、总尺寸或总包装件数,以确保适用的总数值与信用证和任何其他单据显示的总数值没有矛盾。

六、形式发票与装箱单示例

出口商品的形式发票与装箱单分别如图 3-12 和图 3-13 所示。

INVOICE

TO: BRAZEECO Co., Ltd

  396 Takham Road Samaedam

  Bangkunthien Bangkok 10150 Thailand

  ATTN:Kanchanawan Koontee

NO: BM2014003

DATE: MARCH 7, 2014

YOUR REF NO:

OUR REF NO:

SHIPPING MARKS 唛头	DESCRIPTION OF GOODS 货物描述	QUANTITY 数量	UNIT PRICE 单价（EUR）	AMOUNT 金额（EUR）
N/M	PM5 MORTAR MACHINE	3 SETS	4 500.00	13 500.00
			CIF BANGKOK	
			TOTAL	EUR13 500.00

FROM SHANGHAI TO BANGKOK BY SEA

TERMS OF PAYMENT: T/T 90 DAYS AFTER DATE OF INVOICE

Baumann Equipment(Shanghai) Co.,Ltd

上海市松江工业区申港路2001号5号厂房

Building5,No.2001,ShenGang Road,Songjiang Industrial Zone,Shanghai,P.R.C

(电话) Tel: 021-57791906 (传真) Fax: 021-57791907

图 3-12 形式发票

PACKING LIST/WEIGHT MEMO

TO:BRAZEECO Co.,Ltd   DATE: March 7,2014
   396 Takham Road Samaedam
   Bankunthien Bangkok 10150 Thailand

Shipping Marks	Package	Descriptiom of Goods	Gross Weight	Net Weight	Measurement
N/M	3 Wooden Cases	PM5 Mortar Machine	1 215kg	1 035kg	6.053m³
					L2360mm×W855mm×H1000mm×3
	Total 3 Wooden Cases		1 215kg	1 035kg	6.053m³

  Baumann Equipment(Shanghai) Co.,Ltd
上海市松江工业区申港路2001号5号厂房
Building5,No.2001,ShenGang Road,Songjiang Industrial Zone,Shanghai,P.R.C
(电话) Tel：021-57791906 (传真) Fax：021-57791907

图 3-13 装箱单

 练习题

一、选择题

1. 南美某国的修格公司希望从我国太原辉泉公司购买一批货物。双方就货物销售合同的具体条款进行谈判,双方都希望选择国际商会《2010 年国际贸易术语解释通则》中的贸易术语来确定货物销售的价格和相关义务。双方对于该货物的国际买卖均有丰富的经验,且都与国际海运公司和保险公司保持着长期业务关系。基于上述事实,下列表述正确的是(　　)。

A. 从修格公司的角度出发,如果选择 EXW 贸易术语,意味着它要承担的相关义务比选择其他的贸易术语都要大

B. 修格公司可以接受"CFR 天津"的贸易术语并向保险公司投保

C. 假如双方采用了"CIF 布宜诺斯艾利斯"的贸易术语,辉泉公司对货物在公海上因船舶沉没而导致的损失应向修格公司提出赔偿

D. 假如双方采用《2010 年国际贸易术语解释通则》C 组中的某项贸易术语达成交易,卖方必须支付海运运费和保险费

2. 在《2010 年国际贸易术语解释通则》中,卖方承担风险、责任和费用最大的是(　　)。

A. CPT　　　　　　B. DDP　　　　　　C. CIP　　　　　　D. EXW

3. 若提单上注明"运费到付",则采用的贸易术语是(　　)。

A. FOB　　　　　　B. CFR　　　　　　C. CIF　　　　　　D. CPT

4. 采用 DAT 贸易术语成交时,进口报关的责任和费用由(　　)承担。

A. 买方　　　　　　B. 卖方　　　　　　C. 双方共同　　　D. 其他人

5. 卖方负责出口报关、安排运输、在无锡货交承运人完成交货、支付运费至约定目的地台北,并承担交货之前的风险和费用,但是不负责办理进口地报关。在这种情况下应选择哪个术语?(　　)

A. DAT 台北　　　B. DAP 台北　　　C. CPT 台北　　D. CIP 台北

6. 使用 FOB 术语时,应在术语后加注(　　)。

A. 装运港　　　　　B. 卖方营业地　C. 目的港　　　　D. 买方营业地

7. 下列哪个贸易术语表明买方负责出口报关并承担货物运至目的港的所有风险和费用(包括目的港码头的费用和关税)?(　　)

A. CIF　　　　　　B. DDP　　　　C. DAP　　　　D. EXW

8. 买方以 CIF 上海条件从悉尼进口货物。装船时,货柜越过船舷脱钩掉落在船上,货柜和货物受损,按《2010 年国际贸易术语解释通则》,风险由(　　)承担。

A. 卖方　　　　　　B. 买方　　　　C. 承运人　　　　D. 双方协定

9. 在贸易术语的价格换算时,CIF 的价格构成为(　　)。

A. 进货成本价＋国内费用＋利润

B. FOB 价格＋国际运费＋CIF 价格×保险加成×保险费率

C. FOB 价格＋国际运费＋FOB 价格×保险加成×保险费率

D. FOB 价格＋国际运费＋CFR 价格×保险加成×保险费率

10. 卖方承担货物在指定的装运港装上船之前所有费用和风险的贸易术语有(　　)。

A. FOB　　　　　　B. FCA　　　　C. CFR　　　　D. EXW

11. 根据《2010 年国际贸易术语解释通则》,CIF 术语风险转移的时间是(　　)。

A. 货物装上船时　　　　　　　　B. 货物越过船舷时

C. 货交承运人时　　　　　　　　D. 买方付款时

12. "FOB 上海"与"CIF 上海"的区别在于(　　)。

A. 租船义务不同　　　　　　　　B. 目的港不同

C. 装运港不同　　　　　　　　　D. 保险义务不同

13. 依据《2010 年国际贸易术语解释通则》,应在贸易术语后加注目的地名称的是(　　)。

A. CIF　　　　　　B. FCA　　　　C. FOB　　　　D. DAP

14. 下列有关"CIF 上海"的表述,正确的是(　　)。

A. 目的港是上海

B. 卖方在上海交货

C. 海上运输途中的风险由卖方承担

D. 买方支付保险费

15. 在 CIF 条件下,卖方负责( )。

A. 运费
B. 保险费

C. 成本费用
D. 到目的港之前的货物风险

16. 在 CFR 条件下,出口商应在( )通过电讯方式向进口商发出装运通知?

A. 装运前
B. 装船完毕后

C. 交单后
D. 收款后

17. 根据《2010 年国际贸易术语解释通则》,下列关于 FCA 的说法正确的是( )。

A. 该术语的意思是"装运港船边交货价"

B. 该术语又称"离岸价格"

C. 卖方承担货物在装运港装上船之前的风险

D. 该术语可用于各种运输方式

18. 根据《2010 年国际贸易术语解释通则》,下列贸易术语中由买方负担卸货费的术语有( )。

A. DAP
B. CIF
C. CPT
D. DAT

19. 根据《2010 年国际贸易术语解释通则》的规定,在某一贸易术语条件下,买方应承担下列责任、风险和费用:①接收符合合同规定的货物、单证或相等的电子单证;②自负费用及风险办理进口许可证及其他货物进口手续,交纳进口税费;③签订自装运港运输货物的合同;④承担在装运港货物装上船之后的风险和费用。该贸易术语应为( )。

A. FAS
B. CIF
C. FOB
D. FCA

20. 一般情况下,CIF 价比 FOB 价要多计算( )。

A. 国外运费、国外保险费
B. 国外保险费、国内费用

C. 国外运费、国内费用
D. 国外保险费、净利润

21. 卖方在货物装船后不必通知买方装运时间的贸易术语是( )。

A. CPT
B. DDP
C. CFR
D. FOB

22.《2010 年国际贸易术语解释通则》中的 CFR 和 CPT 术语的相同之处表现在( )。

A. 卖方都要自费订立从交货地到目的地的运输合同

B. 出口报关均由卖方负担,进口报关均由买方负担

C. 按这两种术语成交的合同,卖方都在出口地交货

D. 采用这两种术语时,买方的风险是一样的

23. 出口总成本是指( )。

A. 进货成本

B. 对外销售价

C. 进货成本+出口前一切费用

D. 进货成本+出口前的一切费用+出口前的一切税金

二、思考计算题

1. 某企业出口某种物资到美国纽约共计 100 箱,对外报价为每箱 750 美元,CIF 纽约。之后外商出于某些原因,要求改报 CFR 纽约,并给予 5% 佣金。若保险费率为 2%,并按发票金额的 120% 进行投保,请计算该企业应改报的含佣价格。

2. 青岛某企业出口一批电视机共计 600 台到印度盂买,每台电视机报价为 270 美元,CIF 盂买,由卖方投保一切险并按发票金额加 10% 进行投保。已知从青岛港到盂买港的运费为 2 100 美元,若一切险的保险费率为 1%,请计算该企业的外汇净收入。

3. 杭州某公司出口一批货物到澳大利亚,对外报价为每公吨 18 000 美元,CIP 堪培拉,客户来电要求改报 FCA 杭州或 CPT 堪培拉的价格。已知保险费率为 0.5%,按发票金额的 110% 投保,国外运费每公吨为 300 美元,请计算该公司应改报的 FCA 价格和 CPT 价格。

4. 某公司以 CIF 条件出口一批罐头。合同签订后,该公司接到买方 email,声称合同规定的目的港口最近经常发生暴乱,要求该公司在办理保险时加保战争险。对此,请问卖方应如何处理?

这批货物运抵目的港后,卖方接到买方支付货款的通知,通知声明:因货物

在运输途中遭遇海难而增加的额外费用已代卖方支付给承运人,故此,所付的货款中已将此项费用扣除。对此,请问卖方应如何处理?

5. 某年 5 月 8 日,中国 A 公司与韩国 B 公司签订合同,向 B 公司订购电子部件 5 万套,FCA 釜山,当年 11 月 7 日~9 日交货。由于此类电子产品价格下跌,6 月 20 日,A 公司将订货数量变更为 4 万套,产品价格不变。11 月 8 日,B 公司将货物交给 A 公司指定的承运人。11 月 25 日,中国公司收到货物,发现韩国公司所交货物仍然是 5 万套。请问:

(1) 本案中,货物风险何时由 B 公司转移给 A 公司?

(2) A 公司于 11 月 25 日才收到货物,能否以韩国公司未按期交货为由追究其违约责任?

(3) A 公司应如何处置多交的 1 万套电子部件?

6. 广东某公司出口一批保鲜农产品到迪拜,对外报价为每公吨 3 000 美元,CFRC 5% 迪拜,每公吨农产品的海运运费为 200 美元。该批农产品扣除退税收入后的国内实际采购成本为每公吨 14 000 元人民币,国内直接和间接费用为实际采购成本的 15%。请计算该批农产品的出口总成本、外汇净收入和出口换汇成本。

第四章　国　际　货　运

在国际货物运输中,涉及的运输方式包括海洋运输、陆路运输、航空运输、内河运输以及由各种运输方式组合的国际多式联运等。其中,较常见的是海洋运输或航空运输,并辅以其他运输方式,从而实现服务范围较大化覆盖。

一、买卖合同的装运条款

在国际贸易中,按照合同规定的质量、数量、时间、地点和方式向买方交付货物是卖方的一项基本义务。卖方将货物交付给买方,通常需要通过国际长途运输,而这种运输又需要买卖双方的互相配合。因此,在涉及运输的买卖合同中,诸如使用 FCA、FOB、CPT、CFR、CIP、CIF 等贸易术语的交易,有必要就货物装运时间、装运地点、运输方式以及买卖双方在货物交接和运输中的责任划分达成协议,并在合同中做出明确规定。

国际货物买卖合同中的装运条款通常包括装运(或交货)时间、装运港(或发货地)和目的港(或目的地)、分批装运和转运等内容。

(一) 装运时间

在国际贸易中,存在着"装运"(shipment)和"交货"(delivery)两种不同的用语,因而也就有"装运时间"(time of shipment)和"交货时间"(time of delivery)两种不同的提法。装运是指将货物交给承运人以运往指定目的地的行为,而"交货"则是指卖方将其对货物的占有权转移给买方的行为。在国际贸易中,使用FCA、FOB、CFR、CPT、CIF、CIP 等贸易术语的合同均属"装运合同",即卖方在装运港或发货地将货物装上运输工具或交给承运人就算完成交货义务。在此情况下,"装运"和"交货"在某种程度上是同义词,因而在实际业务中往往把这两个词加以混用。然而,使用 DAT、DAP、DDP 等贸易术语的合同均属"到达合同",即货物交给买方才算完成交货。从这个意义上讲,"装运"和"交货"的含义是不同的。

装运时间是买卖合同的主要交易条件,卖方必须严格按照规定时间装运货物,如果提前或延迟,均构成违约,则买方有权拒收货物、解除合同,同时提出损害赔偿要求。装运时间对买卖双方都很重要,须在买卖合同中做出具体规定。

在买卖合同中,装运时间通常规定为一个期限,而不是某个具体的日期。目前,针对装运时间的规定,常用的有以下几种方法。

(1) 规定在某月内装运。例如:1 月份装运(shipment during Jan),即指可在 1 月 1 日到 1 月 31 日这一期限内装运。

(2) 规定在某月月底以前装运。例如,6 月底或以前装运(shipment at or before the end of June),即指自订立合同之日起,最迟不超过 6 月 30 日装运。

(3) 规定在某月某日以前装运。例如,7 月 15 日或以前装运(shipment on or before July 15th),即指自订立合同之日起,最迟不超过 7 月 15 日装运。

(4) 规定在某两个月、三个月或几个月内装运,即跨月装运。例如,1~2 月装运或 1~3 月装运(shipment during Jan. and Feb. 或 shipment during Jan., Feb. and Mar.),即指货物可分别在 1 月 1 日至 2 月 28 日或 1 月 1 日至 3 月 31 日这一期限内的任何一天装运。

(5) 规定在收到信用证后一定时间内装运。对于某些外汇管制较严的国家和地区,或专为买方制造的特定商品,为了防止买方不按时办理信用证而造成损失,可采用在收到信用证后一定时间内装运的方法。例如,收到信用证后 30 天内装运(shipment within 30 days after receipt of the L/C)。

由于交货期是以买方开出信用证为前提,如买方拖延或拒绝开证则卖方仍很被动,因此一般应同时规定买方开到信用证的期限。例如,买方必须不迟于某月某日将信用证开给卖方(the L/C must reach the seller not later than...)。

(二) 装运港和目的港

为便于安排运输,凡涉及运输的合同均需规定装运港、发货地和目的港、目的地。

1. 装运港

一般说来,装运港或发货地是由卖方提出,经买方同意后确定的。

在国际货物买卖合同中通常只规定一个装运港或发货地,但在货物数量较大而货源又分散在几处的情况下,可以规定几个装运港或发货地。例如:天津和上海(Tianjin and Shanghai)。

如果成交时装运港或发货地不能确定具体地点的,也可规定为某一国的口岸。例如:中国口岸(China port)。

2. 目的港

在实践中,目的港或目的地通常由买方提出,经卖方同意后确定。

在国际货物买卖合同中一般规定一个目的港或目的地,但有时根据实际业务的需要,也可以规定两个或两个以上的目的港或目的地,由买方选择确定后通知卖方。例如:伦敦或利物浦或曼彻斯特(London or Liverpool or Manchester)。

(三) 分批装运和转运

分批装运(partial shipment)和转运(transshipment)直接关系到买卖双方的利益,所以往往也是买卖合同的重要内容。

1. 分批装运

分批装运是指一个合同项下的货物分若干期或若干次装运。凡数量较大或受货源、运输、市场销售、资金等条件的限制有必要分期分批发运、到货的,通常都需要在买卖合同中规定允许分批装运或具体分批办法的条款。否则,不宜分批装运。如要求一次装运货物的,则应在合同中规定"不准分批装运"(partial shipment not allowed)。如果买卖合同对分批装运未做规定,按国外合同法,则不等于可以分批装运。

2. 转运

转运是指货物从装运港、发货地到目的港、目的地的运输过程中,从一运输工具上卸下再装上同一运输方式的另一运输工具;或在不同运输方式

情况下,从一种方式的运输工具上卸下再装上另一种方式的运输工具的行为。

货物在中途转运时容易受损和散失,而且会增加费用支出,延迟到达目的地的时间,但在无直达运输工具的情况下,转运是不可避免的。由于转运与否关系到当事人的利益,因此有必要在合同中规定是否允许转运以及在何地以何种运输工具转运的条款。随着多种联运方式日益广泛的运用,转运在实际业务中几乎已成为经常发生甚至不可避免的现象。

相关链接

《ICC 跟单信用证统一惯例》(UCP600)(节选)

第三十一条 分批支款或分批装运

a. 允许分批支款或分批装运。

b. 表明使用同一运输工具并经由同次航程运输的数套运输单据在同一次提交时,即使运输单据上表明的装运日期不同或装货港、接管地或发送地点不同,只要显示为相同的目的地,则不视为分批装运。如果交单由数套运输单据构成,其中最晚的一个装运日将被视为最终装运日。含有一套或数套运输单据的交单,如果表明在同一种运输方式下经由数件运输工具运输,即使运输工具在同一天出装运往同一目的地,仍将被视为分批装运。

c. 含有一份以上快递收据、邮政收据或邮寄证明的交单,如果单据看似由同一快递或邮政机构在同一地点和日期加盖印章或签字并且表明同一目的地的,则不视为分批装运。

第三十二条 分期支款或分期装运

如信用证规定在指定的时间段内分期支款或分期装运,任何一期未按信用证规定期限支取或装运时,信用证对该期及以后各期均告失效。

二、航次租船

航次租船也称定程租船,是指船东负责提供一条船舶,在指定的港口之间或区域之间(多个装货港或卸货港)进行一个航次或数个航次承运租船人指定的货物,租船人向船东支付相应运费的运输方式。

租船人根据自己对货物运输的需要或对船舶的特殊要求,将基本租船要求和货物信息用电讯方式通过经纪人传送到租船市场上,寻找合适的船东,并要求感兴趣的船东答复能否提供合适船舶以及报价。

船东收到租船人询价后,经过估算或对照其他询价条件,若接受该询价,则通过经纪人向租船人报价,报出其所能提供的船舶、运费率等条件。

租船人接到船东主要条款报价后,一般不会接受其全部报价,经常是接受部分内容,而对其他条款提出还价。

船东和租船人经过反复多次还价后,双方对合同主要条款达成一致。这时,船东根据双方约定的主要条款编制一份租船确认书(fixture note),作为简式租船合同由双方签署履行。

由于双方此时只谈妥了主要条款,细节还未谈判,因此,不论在受盘中还是在租船确认书中都加有"未尽事宜参照 94 金康条款"(others as per GENCON C/P 94)字样。

航次租船的特点有以下几点。

(1) 船东占有和控制船舶,负责船舶的营运调度工作。租船人指定装卸港口和货物。

(2) 租船人应向船东支付运费(freight)而不是租金(hire)。运费的确定是以货物品种、数量、航线、装卸港条件好坏和租船市场行情等多种因素为依据的。

(3) 船东负责营运费用。除装卸费由谁支付可协商之外,其他的营运费用都是船东负担的,如船员的工资和伙食费、维修保养营运费、物料、供应品及设备、润滑油、燃油费、港口使费、船舶保险费、淡水费、船舶折旧费、公司管理费、扫舱费、垫舱费、代理费、佣金、货物索赔等。

(4) 航次租船确认书中都会规定在港装卸货物的时间(laytime)、装卸时间的计算方法、滞期及速遣(demurrage and despatch)。若装卸货物的时间超过规定的天数,租船人要支付滞期费;反之,船东则要向租船人支付速遣费。双方也可以不规定装卸货物的时间而按港口习惯的装卸速度由船东承担时间风险,这种规定即"按港口习惯快速装卸条款"(customary quick despatch,CQD)。

三、租船确认书

租船确认书一般应包含载货船舶状况、货物名称及数量、受载期与解约日、装货港与卸货港、运费及装卸费用、装卸货时间、滞期和速遣等内容。

(一) 载货船舶状况

载货船舶状况一般包括船名、船籍、载重吨、载货吨等内容。

船名即为船东提供船舶的具体名称,须在合同中写明。非经承租人同意,船东无权更换船舶,只能派遣合同中指定的船舶。但为防止意外发生,租船确认书中在规定指定船舶的同时也可规定替代船舶。

船籍是确认书的重要内容之一。在国际贸易运输中,由于船舶、船籍和悬挂的船旗不同,可能会影响到法律适用、货物保险、港口收费等。在合同履约期间,若船东擅自变更船舶国籍或变换船旗,即构成违约,承租人有权解约并提出对遭受损失的索赔。

载重吨(dead weight tonnage,DWT)是指船舶本身能装载的最大限度的重量,它包括载运的货物、船上所需的燃料和淡水及其他储备物料重量的总和。其计算公式为:

载重吨=货物重量+燃料重量+淡水重量+供应品种量+船舶常数

载货吨(dead weight cargo capacity,DWCC)是指船舶所能装运货物的最大限度的重量,又称净载重吨,即从船舶的载重量中减去船舶航行期间需要储备的燃料、淡水及其他储备物品的重量。其计算公式为:

载货吨=载重吨-燃料重量-淡水重量-供应品重量-船舶常数

（二）货物名称及数量

在租船确认书中应明确约定所载货物的名称和数量。确认书中可以约定某一种货物，也可约定几种货物或某一类货物。船长有权拒绝受载不符合租船确认书约定的货物，并要求承租人赔偿损失。

承租人应按租船确认书约定的时间在装货港备妥货物，否则须承担违约责任；若承租人已备妥货物但装货作业受到阻碍，且这种阻碍属于承租人免责范围内的原因所致，则承租人可免除违约责任。承租人负责装货作业，包括货物从码头或堆场运至船边（班轮条款情况下），或装至货舱（承租人负责装货情况下）的整个过程。

船东通常要求承租人提供满舱满载货物。在实际业务中，通常在船舶开始装货之前，由船长根据本航次所需燃料、淡水、食品等实际消耗品的数量计算出船舶能装载货物的实际数量，并以书面的形式告知承租人，即"宣载"（declaration of cargo）。如果承租人不能按"宣载"数量提供装船货物，造成船舶的载货能力得不到充分利用而产生亏舱损失，即构成违约。同样，当船东不能按"宣载"数量接受货物装船时，船东也必须承担违约责任。

（三）受载期与解约日

受载期（laydays）是指船舶到达指定装货港并已做好装货准备，随时接受货物装船的期限。受载期按国际惯例一般为 10～15 天。

解约日（canceling date）是指船舶未能在受载期内抵达指定装货港，承租人按合同规定行使解除与船东合同关系的日期。

解约日通常规定为受载期限的最后一天。若船舶未能在受载期内抵达装货港，承租人可要求船东赔偿其损失，但一般不予解除合同。若租船确认书中未对解约日进行规定，实务中通常以受载期的最后一天作为解约日。

（四）装货港与卸货港

装货港与卸货港通常由承租人确定或选择。承租人可以明确、具体地指定装货港和卸货港名称或特定的装卸泊位、地点，也可以规定为某个特定区域内的安全装货港和安全卸货港。

如果租船确认书中规定装货港或卸货港是两个或两个以上的港口,则应明确船舶停靠的顺序,否则,船长则按地理位置的顺序安排船舶停靠作业。如果租船确认书中规定了多个港口供卸货选择,则承租人负有宣布卸货港的责任,并在合同规定的时间内或船舶驶经某地点时向船东发出"宣港"通知。

租船确认书中有关装货港与卸货港的规定,一般包括安全港(或安全泊位)条款和附近港条款两项。承租人指定的港口或泊位必须是安全的,所谓安全是指船舶在抵达、进港、停泊、装卸和离港的整个期间,港口或泊位不会发生非人为因素造成的危险。

(五) 运费及装卸费用

承租人有义务按合同规定支付运费给船东作为其提供货运的报酬。运费一般按承运货物的重量吨或容积吨为基础进行计收。

运费按支付方式分为预付运费和到付运费,预付运费是指承租人在签发提单时或装完货物时即支付运费;到付运费是指收货人在卸货前或办理提货手续时把运费连同其他相关费用一起付清。

租船确认书中一般还约定,不论船舶或货物在运输过程中是否发生损坏、灭失等,都不予减付或退还运费。例如,由于某些不属于船东责任的原因,如冰冻、罢工等,货物不能在原定卸货港交付而须驶往附近安全港卸货时,船东仍有权获得与原约定相同的运费。

装卸费用是指将货物从岸边(或驳船)装入船舱内,以及将货物从船舱内卸至岸边(或驳船)的费用。航次租船时,货物装卸责任及费用由当事人按租船确认书中规定的装卸费用条款来处理,常用的装卸费用条款有以下几种。

(1) Liner terms,指船东负责装卸费。

(2) Free in(F.I),指船东不负责装货费,只负责卸货费。

(3) Free out(F.O) 指船东不负责卸货费,只负责装货费。

(4) Free in and out(F.I.O),指船东不负责装卸费。

(5) Free in and out, stowed and trimmed(F.I.O.S.T),指船东不负责装卸费、理舱费和平舱费。

(六) 装卸货时间

装卸货时间(laytime)是指合同约定的承租人安排装货或卸货的时间。在该期限内,船东不能对船舶装货或卸货作业收取运费之外的费用。

装卸货时间是租船确认书中双方最关心的事项之一。目前,常用的装卸货时间有三种表示方式:按日(day)、按日装卸率(daily loading/discharging rate)和按港口习惯快速装卸(customary quick despatch,CQD)。

绝大多数情况下,装卸货时间都用"日"来表示,主要有以下几种表达方法。

1. 日

日(day),是指连续24小时的期间,不足一日的时间按比例计算。

2. 日历日

日历日(calendar day),是指从00:00到24:00止的连续24小时的期间。不足一日历日的时间按比例计算。

3. 约定日

约定日(conventional day),是指从任一可识别的时间开始起算的连续24小时的期间。不足一约定日的时间按比例计算。

4. 工作日

工作日(working day),是指根据当地法律和习惯规定的工作进行之日。

5. 连续日

连续日(running days/consecutive days),是指一个紧接另一个的天数。

6. 节假日

节假日(holiday),是指每周正常休息日以外的日期。按照当地的法律和习惯,在这个日期内不做本应进行正常的工作。

7. 晴天工作日

晴天工作日(weather working day),是指一个连续24小时的工作日,且在这段时间内船舶可以在没有天气妨碍的情况下进行装卸货货业。如果天气妨碍发生,或者装卸货作业已经进行而天气妨碍了作业,则装卸货时间应参照妨碍持续时间与无妨碍时正常工作时间之比扣减。也就是说,晴天工作日中的坏天气应按比例扣减,即根据正常工作时间占一天 24 小时的比例来计算。例如,如果妨碍持续了 2 小时,而该天工作时间为 8 小时,则装卸货时间应该按比例扣除 6 小时,即该天的装卸货时间应该计为 18 小时;如果该天工作时间为 12 小时,则装卸货时间应该按比例扣除 4 小时,即该天的装卸货时间应该计为 20 小时。在正常工作时间之外的坏天气不做扣减。

8. 连续 24 小时晴天工作日

连续 24 小时晴天工作日(weather working day of 24 consecutive hours),是指一个连续 24 小时的工作日,且在这段时间内船舶可以在没有天气妨碍的情况下进行装卸货作业。如果天气妨碍发生,或者装卸货作业已经进行而天气妨碍了作业,则实际妨碍的时间要从装卸货时间中扣除。

9. 24 小时晴天工作日

24 小时晴天工作日(weather working day of 24 hours),是指由一个或多个工作日的工作时间加起来构成的 24 小时,且在这段时间内,船舶可以在没有天气妨碍的情况下进行装卸货作业。如果天气妨碍发生,或者装卸货作业已经进行而天气妨碍了作业,则实际妨碍的时间要从装卸货时间中扣除。

按 24 小时工作日的计算方法需要把有关港口每天的工作时间全部加起来,总共有了 24 小时才算 1 天。所以,如果相关约定为 2 个 24 小时工作日,而每个工作日包含 12 个小时工作时间,则装卸货时间实际上应该为 4 个日历日。

按日装卸率是指根据港口的装卸效率来确定每天的装卸量。虽然它没有明确装卸货物可用的实际天数,但同样可以计算出装卸货允许使用的时间。

按港口习惯快速装卸是指租船人根据货物装卸时的现实情况,尽可能快地装卸货物。

(七) 滞期和速遣

滞期是指在非船方责任情况下,承租人未在合同约定时间内完成装货或卸货而需要额外增加的时间,其额外增加的时间即滞期时间。船舶滞留在港会造成船东权益的损害,承租人依据合同规定须做出相应的赔偿,即支付滞期费。承租人向船东支付滞期费的数额,应按滞期时间和合同约定的滞期费率来计算。

速遣是指实际货物装卸完成提前于合同约定的装卸时间,其所提前的时间即为速遣时间。船舶提前完成货物装卸时,船东一般会向承租人支付一笔相应的费用,即速遣费(despatch money)。实践中,速遣费被认为是船东对承租人的一种奖励。速遣费的金额一般为滞期费的一半。

四、集装箱班轮运输

集装箱班轮运输是指集装箱班轮公司按固定的航线、固定的时间、固定的港口和相对固定的运费运送集装箱货物的一种营运方式。

集装箱运输(container transport)是以集装箱为运输单位进行运输的一种现代化运输方式,它可适用于各种运输方式的单独运输和不同运输方式的联合运输。集装箱运输的优点主要是加速货物装卸、提高港口吞吐能力、加速船舶周转、减少货损货差、节省包装材料、减少运杂费用、简化货运手续和便利货物运输等。

目前,各国采用的集装箱大多以国际标准化组织(ISO)所制定的规格为依据,该组织制定的通用标准规格共有 13 种,其中应用最广的有 4 种,即 8 英尺 * ×8.8 英尺×40 英尺、8 英尺×8 英尺×40 英尺、8 英尺×8 英尺×20 英尺和8 英尺×8.6 英尺×20 英尺。某船公司的集装箱规格如表 4-1 所示。

表 4-1　某船公司的集装箱规格

国际标准	20 英尺集装箱	40 英尺集装箱
长	5.898 米	12.032 米
宽	2.352 米	2.352 米
高	2.385 米	2.385 米
最大毛重	24 000 公斤	30 480 公斤
皮重	2 330 公斤	4 000 公斤
最大载重	21 670 公斤	26 480 公斤
负载容量	33.0 立方米	67.4 立方米

---

* 1 英尺＝0.304 8 米。

集装箱运输的货物有整箱货(full container load，FCL)和拼箱货(Less than container load，LCL)两种装箱方式。整箱货可由发货人在工厂或仓库自行装箱，也可由承运人代为装箱，直接送往集装箱堆场(container yard，CY)等待装运。拼箱货则由发货人将货物送交集装箱货运站(container freight station，CFS)或港口外的内陆货运站，由承运人负责装箱。货物到达目的港后，整箱货由收货人直接提走，拼箱货则由承运人在集装箱货运站开箱后分发给各收货人。集装箱运输货物的交接可以在起运港和目的港之间进行，即采用"场到场"(cy to cy)方式；也可以在发货人和收货人的工厂和仓库之间进行，即采用"门到门"(door to door)方式。

集装箱运输中，整箱货和拼箱货在船货双方之间的交接方式有以下三种。

(1) 门到门：由托运人负责装载的集装箱，在其货仓或厂库交承运人后，承运人负责全程运输，并送至收货人的货仓或工厂仓库交箱截止。

(2) 场到场：由托运人负责装载的集装箱，在起运地或装运港集装箱堆场交承运人后，承运人负责全程运输，并送至收货人在目的地或卸货港的集装箱堆场。

(3) 站到站：托运人将货物送交集装箱货运站，由承运人将不同货主的货物合装为一个集装箱，到达目的地后由承运人在货运站拆箱并将货物交付收货人。

五、班轮运费的计算

班轮运费(liner freight)是班轮公司为运输货物而向货主收取的费用，包括从装运港至目的港的基本运费和附加费用。基本运费是对任何一种货物都要计收的运费。

由于船舶、货物、港口及其他方面的种种原因，使得船方在运输货物时增加费用开支或蒙受经济损失，船方为补偿这些开支或损失，除基本运费外，另外收取的费用即为附加费(surcharge)。附加费种类繁多，而且会随着情况的变化而改变，如取消或制订新的附加费。因此，承租方在订舱询价时要问清有哪些附加费用以及由谁来承租附加费，以免收费时引起争议。

常见的附加费包括以下几种。

（1）燃油附加费（bunker adjustment factor，BAF）

（2）货币贬值附加费（currency adjustment factor，CAF）

（3）旺季附加费（peak season charge，PSS）

（4）战争风险附加费（war risk surcharge，WRS）

（5）日币附加费（yen application surcharge，YAS）

（6）紧急燃油附加费（emergency bunker surcharge，EBS）

（7）集装箱不平衡使用费（container imbalance charge，CIC）

（8）燃油浮动调整附加费（general bunker floating，GBF）

除了基本运费加上附加费构成班轮运费之外，承运人或中间代理人还会向发货人收取以下一些本地费用（local charges）。本地费用通常用本币支付。

（1）预申报舱单费（Advance Manifest Surcharge，AMS）

（2）集装箱码头作业费（Terminal Handling Charge，THC）

（3）单证费（Document Fee，DOC）

（4）订舱费（Booking Fee，BF）

（一）拼箱货的运费计算

拼箱货的基本运费其计算标准主要有以下三种。

（1）按货物的毛重计收，即以重量吨（weight ton，W/T）收取。重量吨分为公吨、长吨或短吨，视船公司采用公制、英制或美制而定。按此方式计费者，在班轮运费价目表中的商品名称后面注有"W"字样。

（2）按货物的体积计收，即以尺码吨（measurement ton，M/T）收取。尺码吨的单位为立方米或立方英尺，前者为公制，后者为英制。按尺码吨计费者，在班轮运费价目表上注有"M"字样。

重量吨和尺码吨统称为运费吨（freight ton）。

（3）按毛重或体积从高计收，即由承运人选择其中较高的一种作为计算运费的标准。这种计费方式在运费价目表上用"W/M"表示。

计算拼箱货运费，一般可使用下列计算公式。

（1）当附加费为绝对值时：

$$运费＝基本费率×运费吨＋附加费$$

（2）当附加费是百分比时：

$$运费＝基本费率×运费吨×（1＋附加费百分比）$$

（二）整箱货的运费计算

整箱货的运费一般采用包箱费率(freight for all kinds，FAK)来计算，即把每个集装箱作为一个计费单位，不细分箱内货类，不计货量（在重量限额之内），统一收取运费。某船公司的整箱运费计算如表4-2所示。

表4-2　某船公司的整箱运费计算表

装运港	货类	CFS/CFS(PER F/T)	CY/CY(20$'$)	CY/CY(40$'$)
上海	杂货	60	1 000	1 900

六、船公司与货运代理企业

船公司是指掌握运输工具并参与集装箱运输的承运人。船公司通常拥有大量集装箱，以利于集装箱的周转、调拨、管理。相对无船承运人而言，船公司是实际承运人。

国际货运代理企业长期以来扮演着双重角色——代理人与无船承运人。

国际货运代理企业作为代理人从事国际货运代理业务，是指国际货运代理企业接受收货人、发货人或其代理人的委托，以委托人的名义办理有关业务并收取代理费或佣金的行为。

国际货运代理企业作为无船承运人从事国际货运代理业务，指国际货运代理企业接受收货人、发货人或其代理人的委托，签发运输单证，履行运输合同并收取运费和服务费的行为。此时，国际货运代理企业与托运人是承托关系，托运人订舱时，国际货运代理企业根据自己的运输成本向托运人报价，以托运人的身份向船公司洽订舱位，安排货物的运输。待货物装船后，在收到船公司签发的海运提单的同时，国际货运代理企业签发自己的提单给托运人。货物抵达目的港后,收货人凭国际货运代理企业签发的正本提单到国际货运代理企业的目的港代理的营业所办理换单手续,然后凭船公司的海运提单从实际承运的船公司那里提取货物。

无船承运业务涉及两套提单的流转:无船承运人自己的提单(house B/L)和船公司的提单(master B/L)。无船承运人接受托运人的订舱后,办理货物托运手续并接管货物,应托运人的要求签发无船承运人自己的提单,此时,提单的托运人是出口方,实际收货人是进口方。同时,无船承运人以自己的名义向船公司订舱,通过船公司的班轮实际承载该货物,得到船公司签发的提单,此时,提单托运人是其本人,收货人是无船承运人在目的港的代理。

七、海运单据

(一) 订舱委托书

订舱委托书由出口方缮制,委托货运代理订舱,货运代理作为托运人的代理人填制托运联单并向船公司的货运代理订舱。托运人订舱行为属于要约。首先,托运人订舱行为是向特定的承运人做出的希望与其订立合同的肯定意思表示,在订舱前托运人已根据班轮船期表和运价表确知了出运该批货物的船期和运费。其次,托运联单的内容应详尽明确,其主要内容应和此后签发的已装船提单是一致的。

货运代理在托运人填制的托运联单及装货单上加盖订舱确认章并返还给托运人即表示接收订舱,视为承诺的做出。实务中,经货运代理盖章确认后还给托运人的托运联单称为配舱回单。

在 FOB 价格条件下,负责安排运输的是买方。为了能节约费用并争取更好的目的港服务,买方一般在本国内找到一家货运代理公司,要求这家货运代理公司安排货物的进口运输。货运代理公司接受买方的要求,将他们在出口国的分公司或代理商等联系资料提供给买方,买方再把这些联系资料转给卖方,由卖方同买方指定的本国货运代理联系,安排运输。这种由进口方指定船公司或者指定货运代理安排运输的方式通常称为出口指定货。

由于货运代理是买方指定的,货运代理对买方负责。买方一般会找同他们关系比较好的货运代理,这就可能会引发一种情况:买方在结清货款、拿到正本提单之前,勾结目的港的货运代理,直接把货提走。

危险品订舱与其他产品订舱不同,需要在装运前至少 10 个工作日向货运代理订舱。托运人除了提交海运订舱委托书之外,还需提交以下材料。

(1) 出境货物运输包装性能检验结果单副本。

(2) 出境危险货物运输包装使用鉴定结果单正本。

(3) 化学品物质安全说明书(material safety data sheet,MSDS)。

(4) 集装箱装运危险货物装箱证明书。

其中,订舱委托书上需注明中英文品名、危险品类别(class No.)、联合国危险品编码(UN No.)、包装类别以及特殊要求。

货运代理根据以上单据(1)和(2)向海事机构进行货物申报,海事机构签发危险/污染危害性货物安全适运申报单(declaration on safety and fitness of dangerous goods/hazardous goods)。货代向船公司订舱时提交危险/污染危害性货物安全适运申报单以及上述单据(3)和(4)。

(二) 海运提单

海运提单(bill of lading,B/L)简称提单,是由承运人或其代理人签发的,证明已收到特定货物,允诺将货物运至特定的目的地,并交付给收货人的凭证。海运提单也是收货人在目的港据以向承运人或其代理人提取货物的凭证。海运提单可以签发一套一份以上的正本单据,其中一份完成交货后,其余各份正本即失效。海运提单的副本单据没有法律效力。

海运提单的性质和作用可以概括为以下四个方面。

(1) 提单是承运人或其代理人签发的货物收据(receipt for the goods)。

(2) 提单是一种物权凭证(document of title)。提单代表着提单上所记载的货物,提单持有人可以凭提单请求承运人交付货物,而承运人或其代理人也必须按照提单所载内容,将货物交付给收货人。因此,提单具有物权凭证的性质。它可以通过合法手续进行转让,转让提单也就意味着转让物权。它也可以被作为抵押品向银行融资。

（3）班轮运输无须签订书面合同。提单是承运人与托运人之间运输合同的证明（evidence of the contract of carriage）。双方的权利、义务都列明在提单之内，因此，提单是处理承运人与托运人在运输中的权利和义务的依据。

（4）海运提单必须是承运人已将货物装上指定船舶后所签发的提单。此外，所有的运输单据必须是"清洁"的。所谓"清洁"，是指承运人在运输单据上未加任何有关货物受损或包装不良的批注。"清洁"一词并不需要在运输单据上出现。

（三）海运提单的种类

从不同角度分类，海运提单主要有以下几种。

1. 已装船提单

已装船提单（shipped B/L 或 on board B/L）是指货物装船后由承运人或其代理人签发给托运人的提单。承运人签发已装船提单就是确认货物已装在船上。这种提单除载明一般事项外，通常还必须注明货物的装船日期，即提单项下货物的装运日期。

由于已装船提单对于收货人及时收到货物是一种保障，所以在国际货物买卖合同中一般都要求卖方提供已装船提单。《2010 年国际贸易术语解释通则》的规定，凡以 FOB、CFR 或 CIF 条件成交的货物买卖合同，卖方应提供已装船提单。

2. 待装船提单

待装船提单（received for shipment B/L）又称收货待运提单或备运提单。它是承运人在收到托运人交付的货物但还没有装船时，应托运人的要求而签发的提单。签发这种提单时，说明承运人确认货物已交由承运人保管，但还未装船，所以这种提单未载明装船时间。当货物装船，承运人在这种提单上加注装船日期并签字盖章后，待装船提单即成为已装船提单。同样，托运人也可以用待装船提单向承运人换取已装船提单。

《中华人民共和国海商法》规定：货物装船前，承运人已经应托运人的要求签发收货待运提单或者其他单证的，货物装船完毕，托运人可以将收货待运提单或者其他单证退还承运人，以换取已装船提单；承运人也可以在收货待运提单上加注承运船舶的船名和装船日期，加注后的收货待运提单视为已装船提单。

3. 记名提单

记名提单(straight B/L)是指提单上的抬头(即收货人)栏内已填明特定的收货人名称,只能由该特定收货人提货,不能用背书的方式转让给第三者的提单。因此,这种提单仅作为货物收据和运输合同的证明,不具有物权凭证功能和流通性。在英美法系国家,承运人交货给托运人在记名提单所指定的收货人,不需要提货人出示或提交正本记名提单。

在国际贸易惯例中,签发记名提单的情况包括:两个协作公司之间、母子公司之间、收货人是卖方的代理以及运输物品为展览品和贵重物品。此时,发货人与收货人之间无须通过控制货权来收款结算,使用这种提单对收货人来说安全性高,可减少货物买卖欺诈,避免单证延迟而无法提货等问题。

4. 指示提单

指示提单(order B/L)是指提单上的抬头栏内已填明"凭指示"(to order)或"凭某人指示"(to order of…)字样,经托运人或指示人背书后方可转让给他人提货的提单。背书的方法有空白背书和记名背书两种,前者是指仅由背书人在提单背面签字,而不注明被背书人的名称;后者是指背书人除在提单背面签字外,还列明被背书人的名称。目前,在实际业务中,使用最多的是"凭指定"并经空白背书的提单。

5. 不记名提单

不记名提单(bearer B/L or open B/L or blank B/L)是指提单上的收货人一栏内没有指明任何收货人,而只注明"提单持有人"(bearer)字样或将这一栏空白,不填写任何人名称的提单。这种提单不需要任何背书手续即可转让。

相关链接

《中华人民共和国最高人民法院关于审理无正本提单交付货物案件适用法律若干问题的规定》(节选)

第三条　承运人因无正本提单交付货物造成正本提单持有人损失的,正本提单持有人可以要求承运人承担违约责任,或者承担侵权责任。

第九条 承运人按照记名提单托运人的要求中止运输、返还货物、变更到达地或者将货物交给其他收货人,持有记名提单的收货人要求承运人承担无正本提单交付货物民事责任的,人民法院不予支持。

第十二条 向承运人实际交付货物并持有指示提单的托运人,虽然在正本提单上没有载明其托运人身份,因承运人无正本提单交付货物,要求承运人依据海上货物运输合同承担无正本提单交付货物民事责任的,人民法院应予支持。

6. 船公司提单

船公司提单(master B/L)是指经营班轮运输的船公司或其代理人签发给托运人的提单。

7. 无船承运人提单

货代提单(house B/L)是指货运代理签发给托运人(货主)的提单。货运代理通常作为托运人向船公司订舱,领取船公司签发的海运提单(发货人是货代,收货人是货代在目的港的代理)并将海运提单正本寄给或者电放给目的港代理,然后再签发自己的货代提单给发货人(提单显示真正的发货人和真正的收货人)。

8. 电放提单

电放提单(surrendered B/L)是指托运人将货物装船后将承运所签发的全套正本提单交回承运人,同时指定收货人;承运人以电讯方式授权其在卸货港的代理人,在收货人不出具正本提单的情况下交付货物的提单。

在货物装船、承运人签发提单的情况下,收货人必须交出一份经背书的正本提单,并且还应付清所有应支付的费用,然后方能在卸货港取得提货单,提取货物。

当收货人无法及时获得提单时,则通常是由收货人凭保函换取提货单后提货,但有些船公司不愿意凭保函交付货物,因此在实践中就产生了"电放"的做法。

9. 倒签提单

倒签提单(ante-dated B/L)是指提单签发的日期早于实际装船完毕日期的

提单。此时,托运人往往会向承运人出具保函,声明将对于承运人因签发倒签提单所遭受的一切损失负责。

10. 预借提单

预借提单(advanced B/L)是指承运人应托运人的要求,凭托运人的保函,在货物尚未全部装船或者货物虽然已经由承运人接管但尚未开始装船的情况下签发的已装船的提单。

11. 顺签提单

顺签提单(post-dated B/L)是指承运人应托运人的要求,凭托运人的保函,在货物装船后,提单签发的日期晚于实际装船完毕日期的提单。

倒签提单、预借提单和顺签提单是托运人和承运人串通弄虚作假的行为,侵犯了提单持有人的合法权益。

12. 租船提单

租船提单(charter party B/L)是指船东根据租船合同签发的一种提单。这种提单是一种略式提单,一般只列明货名、数量、船名、装货港和目的港等必要项目,而没有全式提单背面的详细条款。这种提单并非一个完整而独立的文件,若要受租船合同的约束,在提单内需加批"根据××租船合同出立"的字样。

船东与租船人订立租船合同并在装货完毕后,船东须向租船人签发提单。不能有了租船合同就不签发提单,因为租船人仍需货物收据,而该合同仅规定了双方的权利和义务,不能作为收据。在允许提交租船提单的前提下,银行一般要求出口商在提交提单时连同租船合同副本一并附在提单之后,以供参阅。

 相关链接

《关于审核跟单信用证项下单据的国际标准银行实务》(ISBP745)(节选)

提单

UCP600 第 20 条的适用

第 E1 段

a. 信用证要求提交涵盖港至港运输的运输单据,即信用证没有提及

收货、接管地或最终目的地,不论称谓如何,则该单据的审核将适用 UCP600 第 20 条。

b. 提单不得包含第 G2 段 a 款和 b 款所描述的租船合同事项。

第 E2 段

提单无须表明海运提单、海洋提单、港至港提单或类似名称,即使信用证使用此类表述。

提单的出具、承运人、承运人身份的识别和签署

第 E3 段

a. 提单可以由承运人或船长以外的实体出具,只要其满足 UCP600 第 20 条的要求。

b. 如果信用证规定"货代提单可接受""货代公司提单可接受"或类似措辞,提单可以由出具人签署,并且不必注明其签署身份或承运人名称。

第 E4 段

如果信用证规定"货代提单不可接受""货代公司提单不可接受"或类似措辞,则对提单的名称、格式、内容或签署没有任何意义,除非信用证对其出具和签署规定了明确要求。如果没有这些要求,该规定将不予理会,提交的提单将按照 UCP600 第 20 条的要求予以审核。

第 E5 段

a. 提单必须按 UCP600 第 20 条 a 款 i 项规定的方式签署,表明承运人的身份和名称。

b. 如果提单由承运人的具名分支机构签署,则该签字视同由承运人做出。

c. 如果提单由承运人的代理人签署,代理人必须具名,此外,必须注明其作为"承运人(承运人名称)的代理人"或"代表承运人的代理人"签署或类似措辞。当承运人在该单据的其他地方表明"承运人"身份时,该具名代理人可以由例如"承运人的代理人"身份签署,而无须再次提及承运人名称。

d. 如果提单由船长签署,船长签字必须注明"船长"身份,但无须注明船长姓名。

e. 如果提单由船长代理人签署,代理人必须具名,此外,必须注明其作为"船长代理人"或"代表船长的代理人"签署或类似措辞,但无须注明船长姓名。

装船批注、装运日期、前程运输、收货地和装运港

第 E6 段

a. 如果提交已装船提单,则提单的出具日期即视为装运日期,除非其载有单独注明日期的装船批注。在后一种情况下,该装船批注日期将视为装运日期,不论其早于或晚于提单出具日期。装船批注日期也可以显示在指定栏位或方框中。

b. 信用证可能要求提单表明港至港运输

i. 如果提单显示了与装运港相同的收货地,例如,收货地:鹿特丹堆场;装运港:鹿特丹,并未在前程运输栏或收货地栏显示前程运输工具。

ii. 如果提单显示了不同于装运港的收货地,例如,收货地:阿姆斯特丹;装运港:鹿特丹,并未在前程运输栏或收货地栏显示前程运输工具。

(a) 当提单为已装船提单,出具日期即视为装运日期,无须装船批注。

(b) 当提单为收妥待运提单,则必须表示注明日期的装船批注,该批注日期将视为装运日期。装船批注日期也可以显示在指定栏位或方框中。

iii. 如果提单显示了不同于装运港的收货地,例如,收货地:阿姆斯特丹;装运港:鹿特丹,并且(在前程运输栏或收货地栏)显示了前程运输工具,无论已装船提单,还是收妥待运提单,该提单必须载有注明日期的装船批注,该批注还应包括船名和信用证规定的装运港。该装船批注也可

以显示在指定的栏位或方框中。装船批注日期或指定栏位或方框中的日期,将视为装运日期。

 iv. 如果提单(在前程运输栏或收货地栏)显示了前程运输工具,但未显示收货地,无论是预先印就的"已装船"提单还是预先印就的"收妥待运"提单,该提单必须载有注明日期的装船批注,该批注还应包括船名和信用证规定的装运港。该装船批注也可以显示在指定的栏位或方框中。装船批注日期或指定栏位或方框中的日期,将视为装运日期。

 d. 如果提单载有"如收货地栏被填具,则提单上任何'已装船''已装载船上'或类似批注将视为货物装到从收货地至装运港的前程运输工具上"或类似条款,并且收货地栏已被填具,则该提单必须载有注明日期的装船批注。该批注还必须包括船名和信用证规定的装运港。该装船批注也可以显示在指定的栏位或方框中。装船批注日期或指定栏位或方框中的日期,将视为装运日期。

 e. 信用证要求的具名装运港必须显示在提单的装运港栏。但是,只要装船批注表明货物在"收货地"或类似栏中的港口装上具名船只,装运港就可以显示在"收货地"或类似栏位中。

 f. 提单必须显示信用证规定的装运港。如果信用证规定了装运港并且表明装运港的所在国时,提单上无须注明该国别名称。

 g. 如果信用证规定了装运港的地理区域或港口范围(例如,"任一欧洲港口"或"汉堡、鹿特丹、安特卫普港"),提单必须显示实际的装运港,而且其必须位于该地理区域或港口范围之内。提单无须显示该地理区域。

 h. 如果提单显示了一个以上的装运港,该提单必须显示每个装运港注明日期的装船批注,无论是预先印就的"收妥待运"提单还是预先印就的"已装船"提单。例如,提单显示在布里斯班港和阿德莱德港装运,提单上就需要显示这两个港口各自的注明日期的装船批注。

第 E7 段

"已装运且表面状况良好""已装载船上""清洁已装船",或其他包含"已装运"或"已装船"字样的用语,与"已装船装运"具有相同效力。

卸货港

第 E8 段

a. 信用证要求的具名卸货港必须显示在提单的卸货港栏。

b. 但是，具名卸货港也可以显示在"最终目的地"或类似栏中，只要批注表明卸货港为"最终目的地"或类似栏中的港口即可。例如，信用证要求货物运送至费利克斯托港，但费利克斯托港显示为最终目的地而非卸货港，提单可以通过批注表明"卸货港：费利克斯托"。

第 E9 段

提单必须显示信用证规定的卸货港。如果信用证规定了卸货港，也表明了该港口的所在国，提单上无须显示该国别名称。

第 E10 段

如果信用证规定了卸货港的地理区域或港口范围（例如，"任一欧洲港口"或"汉堡、鹿特丹、安特卫普港"），提单必须显示实际卸货港，而且其必须位于信用证规定的地理区域或港口范围之内。提单无须显示该地理区域。

正本提单

第 E11 段

a. 提单必须注明所出具的正本份数。

b. 提单标注"第一正本（first original）""第二正本（second original）""第三正本（third original）"或"正本（original）""第二联（duplicate）""第三联（triplicate）"等类似字样，均为正本。

收货人、指示方、托运人和背书、被通知人

第 E12 段

如果信用证要求提单表明以具名实体为收货人，例如，"收货人：（具名实体）"（即"记名"提单），而非"收货人：凭指示"或"收货人：凭（具名实体）指示"，则在该具名实体前不得含有"凭指示"或"凭××指示"字样，或者不得在该具名实体后注明"或凭指示"字样，无论该字样是打印还是预先印就。

第 E13 段

a. 如果提单收货人作成"凭指示"或"凭托运人指示",该提单必须由托运人背书。背书可以由代表托运人的具名实体作出。

b. 如果信用证要求提单表明收货人为"凭(具名实体)指示",则提单不得做成以该具名实体为收货人的记名形式。

第 E14 段

a. 如果信用证规定了一个或多个被通知人的细节,则提单也可以显示另外一个或多个被通知人的细节。

b. 如果信用证未规定被通知人的细节,提单可以用任何方式[除第 E14 段 b(ii)款项表明的情形外]显示被通知人的细节。

c. 如果信用证未规定被通知人的细节,而提单的被通知人显示了申请人的细节包括申请人地址和联络细节,这些细节不得与信用证规定的申请人的细节相矛盾。

第 E15 段

如果信用证要求提单表明"收货人:'开证行'或'申请人'",或"收货人:凭'开证行'或'申请人'指示",或"被通知人:'申请人'或'开证行'",提单必须相应地显示开证行或申请人的名称,但无须显示信用证可能规定的开证行或申请人的地址或联络细节。

第 E16 段

如果申请人地址和联络细节显示为收货人或被通知人细节的一部分,这些细节不得与信用证规定的申请人细节相矛盾。

转运、分批装运和多套提单交单期的确定

第 E17 段

转运是指从信用证规定的装运港到卸货港之间的运输过程中,货物从一条船卸下并再装上另一条船。如果提单没有显示在上述两港之间发生卸货和再装船,则不属于信用证和 UCP600 第 20 条 b 款和 c 款下的转运。

第 E18 段

以一条以上的船舶进行的运输是分批装运,即使这些船舶在同一天出发并前往同一目的地。

第 E19 段

a. 如果信用证禁止分批装运,而提交了一套以上的正本提单,涵盖货物从一个或多个装运港(信用证特别允许的地点或规定的地理区域或港口范围内)装运,每套提单必须表明运输的货物是用同一条船,经同一航次,前往同一卸货港。

b. 如果信用证禁止分批装运,而按照第 E19 段 a 款提交的一套以上的正本提单注明不同的装运日期,其中最迟的日期将用于计算交单期,但是该日期不得晚于信用证规定的最迟装运日期。

c. 如果信用证允许分批装运,而同一面函下单独交单包含一套以上的正本提单,提单表明不同的船、不同的装运日或同一条船不同的航程、不同的装运日,其中最早的日期将用于计算交单期,但是所有这些日期不得晚于信用证规定的最迟装运日期。

清洁提单

第 E20 段

提单不得含有明确声称货物或包装状况有缺陷的条款。例如:

a. 提单上载有的"包装无法满足海运航程"或类似措辞的条款,即属于明确声称包装状况有缺陷的例子。

b. 提单上载有的"包装可能无法满足海运航程"或类似措辞的条款并没有明确声称包装状况有缺陷。

第 E21 段

a. "清洁"字样无须在提单上显示,即使信用证要求提单标明"清洁已装船"或"清洁"字样。

b. 删除提单上"清洁"字样并非明确声称货物或包装状况有缺陷。

（四）海运单

海运单（sea waybill），是一种不可流通转让的海运单据。它也是由承运人或其代理人签发的，证明已收到特定货物（已接管或已装船）并保证将货物运至目的地交付给指定收货人的一种凭证。不可转让海运单与海运提单同样都是船方出具的货物收据，也是海上货物运输契约的证明；但它不是物权凭证，收货人提货时无须出示海运单，承运人仅凭收货人提交的证明其为海运单上指定收货人的文件交付货物。因此，使用不可转让海运单有利于进口方及时提货、简化手续、节省费用并有助于减少欺诈现象。

（五）多式联运提单

多式联运提单（combined transport bill of lading, CT B/L）是指证明多式联运合同以及证明多式联运承运人接管货物并负责按照运输合同条款交付货物的凭证。多式联运单据同海运提单一样，可以签发一套一份以上的正本单据，其中一份完成交货后，其余各份正本即失效，且其副本单据没有法律效力。

国际多式联运所使用的多式联运提单既可以是可转让的提单（作成"凭指示"抬头），也可以是不可转让的提单（作成记名抬头）。

现在的海运单式运输也使用多式联运提单，换言之，多式联运提单既可以用于海运与其他运输方式的联运，也可用于一般港到港的运输。

国际多式联合运输是指按照多式联运合同，以至少两种不同的运输方式，由多式联运承运人将货物从一国境内接收货物的地点运往另一国境内指定交付货物的地点。

构成国际多式联运需要具备以下几个条件。

第一，必须要有一个多式联运合同，明确规定多式联运承运人和托运人之间的权利和义务。多式联运承运人根据合同规定，负责完成或组织完成货物的全程运输并一次性收取全程运费。因此，多式联运合同是确定多式联运性质的根本依据，也是区别多式联运和一般传统联运的主要依据。

第二，必须使用一份全程多式联运单据。全程多式联运单据是指证明多式

联运合同以及证明多式联运承运人已接受货物并负责按照合同条款交付货物所签发的单据。它与传统的提单具有相同的性质,也是一种物权证书。

第三,必须是至少两种不同运输方式的国际的货物连贯运输。多式联运不仅需要通过两种运输方式而且必须是两种不同运输方式的组合,如海—海运输,虽经两种运输工具,由于是同一种运输方式,所以不属于多式联运范畴之内,但海—陆、陆—海等运输方式符合多式联运基本组合形态的要求。因此,确定一票货运是否属于多式联运方式时,至少两种不同运输方式的组合是一个重要因素之一。为了履行单一方式运输合同而进行的该合同所规定的货物接送业务,则不应视为多式联运,如航空运输长期以来普遍盛行汽车接送货物的运输业务,这从形式上看已构成航空—汽车组合形态,但这种汽车接送习惯上视同航空业务的一个组成部分,是航空运输的延伸,而不属于多式联运。

第四,必须由一个多式联营承运人对全程运输负总的责任。这是多式联运的一个重要特征。多式联运承运人也就是与托运人签订多式联运合同的当事人,也是签发联运单据的人,它在联运业务中作为总承运人对货主负有履行合同的责任,并承担自接管货物起至交付货物时止的全程运输责任,以及对货物在运输途中因灭失损坏或延迟交付所造成的损失负赔偿责任。多式联运承运人为了履行多式联运合同规定的运输责任,可以自己办理全程中的一部分实际运输,把其他部分运输以自己的名义委托给有关区段的运输承运人(俗称分承运人)办理,也可以自己不办理任何部分的实际运输,而把全程各段运输分别委托给有关区段分承运人办理。分承运人与原发货人不发生任何关系,分承运人只与多式联运承运人发生联系,它们之间的关系是承托关系。

第五,必须是全程单一运费费率。多式联运承运人在对货主负全程运输责任的基础上,应制订一个货物发运地至目的地全程单一费率并以包干形式一次性向货主收取。这种全程单一费率一般包括运输成本(全程各段运输费用的总和)、经营管理费用(如通信、制单以及劳务手续费等)和合理利润。

八、航空运输

航空运输具有许多优点,如运送迅速,节省包装、保险和储存费用,不受河海和道路限制,安全准时。因此,航空运输对易腐、鲜活、季节性强、紧急需要的商品运送尤为适宜。

航空货物运输的方式有班机、包机、集中托运和航空快递。班机有固定航线和停靠航站,定期开航,能安全、迅速并准确地到达世界各通航地点,使收货人、发货人能掌握货物起运和到达的时间、地点,最受货主的欢迎。包机有整包和分包两种,运费较班机低。目前,国际航空货运中使用相当普遍的是集中托运方式(consolidation),它是指由航空货运代理机构把若干批单独发运的货物组成一整批向航空公司集中托运,填写一份总运单,发运到同一目的地,由航空货运代理机构委托目的地代理人负责收货,并分拨给各个实际收货人。航空货运代理机构对每一委托人另行签发一份运单,以便委托人凭此向收货人结算货款。集中托运方式的运价较低。航空快递是由专门经营这项业务的机构与航空公司合作,设专人用最快速度在发货人、机场和收货人之间传送。对运送急需或贵重的物品、图纸、样品、单据、凭证等特别有利,被称为"桌到桌快递服务"(desk to desk express service)。

(一) 集中托运的具体做法

(1) 将每一票货物分别制定航空运输分运单,即出具货运代理的运单(house airway bill, HAWB)。

(2) 将所有货物按目的地来区分,即按照其目的地相同的同一国家、同一城市来集中,制定出航空公司的总运单(master airway bill, MAWB)。总运单的发货人和收货人均为航空货运代理公司。

(3) 打出该总运单项下的货运清单(manifest),即此总运单有几个分运单,号码各是什么,以及具体的件数、重量等。

(4) 把该总运单和货运清单作为一整票货物交给航空公司。一个总运单可视货物具体情况随附分运单(也可以是一个分运单,也可以是多个分运单)。例如,一个MAWB内有10个HAWB,说明此总运单内有10票货,发给10个不同的收货人。

(5) 货物到达目的地的机场后,当地的货运代理公司作为总运单的收货人负责接货、分拨,按不同的分运单制定各自的报关单据并代为报关,并为实际收

货人办理提货手续。

（二）航空运费

在集中托运时，一批货物由几件不同的货物组成，有泡货也有重货。航空公司规定，当货物体积小、重量大时，按实际重量计算；当货物体积大、重量小时，按体积计算。

计费重量是将货物的毛重和货物的体积重量比较后，择大计收的。航空货运货物的体积重量计算公式如下：

$$货物的体积重量＝货物的体积÷6\ 000$$

也就是说，6 000立方厘米体积的货物相当于1公斤的货物来计算运费；同样，1立方米体积的货物要按照167公斤的货物计算运费。货物体积小，重量大时，按实际重量计算；在货物体积大，重量小时，按体积计算。

例如，一票货物重量为800公斤，体积为5立方米，则它的体积重量为5÷0.006＝833.33（公斤），可见，它的体积重量大于实际重量，所以应按照833.33公斤计费。

（三）航空运单

航空运单（air waybill）是承运人与托运人之间签订的运输契约，也是承运人或其代理人签发的货物收据。航空运单还可作为承运人核收运费的依据和海关查验放行的基本单据，但航空运单不是物权凭证，也不能通过背书转让。收货人提货不是凭航空运单，而是凭航空公司的提货通知单。在航空运单的收货人栏内，必须详细填写收货人的全称和地址，而不能做成指示性抬头。

航空运单依签发人的不同可分为总运单和分运单。总运单是由航空公司签发的，分运单是由航空货运代理公司签发的，两者在内容上基本相同。

1. 航空总运单

凡由航空运输公司签发的航空运单都称为总运单，它是航空运输公司据以办理货物运输和交付的依据，是航空公司和托运人订立的运输合同。每一批航空运输的货物都有自己相对应的航空总运单。

2. 航空分运单

集中托运人在办理集中托运业务时签发的航空运单被称作航空分运单。

在集中托运的情况下,除了航空运输公司签发总运单外,集中托运人还要签发航空分运单。

航空分运单为集中托运人与托运人之间的货物运输合同;而航空总运单为航空运输公司与集中托运人之间的货物运输合同,当事人则为集中托运人和航空运输公司。

由于货物在起运地由集中托运人将货物交付航空运输公司,在目的地先由集中托运人从航空运输公司处提取货物,再转交给收货人,因而货主与航空运输公司没有直接的货物交接关系。

航空运单共有正本一式三份:第一份正本注明"original for the shipper",由承运人签字,交托运人;第二份正本注明"original for the issuing carrier",由托运人签字,交承运人留存;第三份正本注明"original for the consignee",由托运人与承运人共同签字,随机带交收货人。这三份正本除签字人不同外,其他内容相同,合在一起构成一个合同。其余副本则分别注明"for airport of destination""delivery receipt""for second carrier""extra copy"等,由航空公司按规定和需要进行分发,作为报关、结算、国外代理中转分拨等用途分别使用。

相关链接

《关于审核跟单信用证项下单据的国际标准银行实务》(ISBP745)(节选)

空运单据

UCP600 第 23 条的适用

第 H1 段

信用证要求提交涵盖机场至机场运输的空运单据,不论称谓如何,则该单据的审核将适用 UCP600 第 23 条。

第 H2 段

空运单据无须表明"空运单""航空货运单"或类似名称,即使信用证如此命名所要求的单据。

空运单据的出具、承运人、承运人的身份识别和签署

第 H3 段

a. 空运单据可以由承运人以外的实体出具，只要其满足 UCP600 第 23 条的要求。

b. 如果信用证规定"货代空运单据可接受""货代公司空运单据可接受"或类似措辞，则空运单据可以由出具人签署，而且不必注明其签署身份或承运人名称。

第 H4 段

信用证规定"货代空运单据不可接受""货代公司空运单据不可接受"或类似措辞，对空运单据的名称、格式、内容或签署没有任何意义，除非信用证对其出具和签署规定了明确要求。如果没有这些要求，该规定将不予理会，提交的空运单据将按照 UCP600 第 23 条的要求予以审核。

第 H5 段

a. 空运单据必须按 UCP600 第 23 条 a 款 i 项规定的方式签署，表明承运人的身份和名称。

b. 如果空运单据由承运人的具名分支机构签署，该签字视同由承运人做出。

c. 空运单据的承运人必须表明其名称，而不是国际航空协会 IATA 的航空公司代码，如必须显示为英国航空而非 BA，或显示为汉莎航空而非 LH。

第 H6 段

如果空运单据由承运人的代理人签署，该代理人必须具名，此外，必须注明其作为"承运人（承运人名称）的代理人"或"代表承运人的代理人"签署或类似措辞。当承运人在该单据的其他地方表明"承运人"身份时，该具名代理人可以由例如"承运人的代理人"身份签署，而无须再次提及承运人名称。

收妥待运、装运日期和对实际发送日期的要求

第 H7 段

空运单据必须显示货物收妥待运或类似措辞。

第 H8 段

a. 空运单据必须显示签发日期。该日期即视为装运日期,除非空运单据含有注明实际装运日期的特定批注。在后一种情况下,不论其早于或晚于空运单据的出具日期,批注日期将视为装运日期。

b. 确定装运日期时,除了含有注明实际装运日期的特定批注,空运单据上的其他信息(如"仅供承运人使用"栏、"要求的航班日期"栏或"路线和目的地"栏中)将不予理会。

出发地机场和目的地机场

第 H9 段

空运单据必须显示信用证规定的出发地机场和目的地机场。如果信用证规定了机场,也表明了该机场的所在国,则空运单据无须显示该国别名称。

第 H10 段

出发地机场和目的地机场也可以显示为国际航空协会 IATA 代码,以代替机场全名(如 LAX 代替洛杉矶机场)。

第 H11 段

如果信用证规定了出发地机场或目的地机场的地理区域或机场范围(如"任一中国机场"或"上海、北京、广州机场"),空运单据必须显示实际的出发地机场或目的地机场,并且其必须位于信用证规定的地理区域或机场范围之内。空运单据无需显示该地理区域。

正本空运单据

第 H12 段

空运单据必须表面看是签发给发货人或托运人的正本。如果信用证要求全套正本,只要提交一份表明给发货人或托运人的正本空运单据即满足要求。

收货人、指示方和被通知人

第 H13 段

a. 如果信用证要求空运单据表明收货人为"凭（具名实体）指示"，则空运单据可以显示该实体为收货人，无须注明"凭××指示"字样。

b. 如果信用证要求空运单据表明收货人为"凭指示"而未提及指示方，空运单据必须显示开证行或申请人为收货人，无需注明"凭指示"字样。

第 H14 段

a. 如果信用证规定了一个或多个被通知人的细节，空运单据也可以显示另外一个或多个被通知人的细节。

b. 如果信用证未规定被通知人的细节，空运单据可以任何方式（除第 H14 段 c 款表明的情形外）显示被通知人的细节。

c. 如果信用证未规定被通知人的细节，而空运单据显示了作为被通知人的申请人细节包括申请人地址和联络细节，其不得与信用证规定的申请人细节相矛盾。

第 H15 段

如果信用证要求空运单据表明"收货人：'开证行'或'申请人'"或"被通知人：'申请人'或'开证行'"，空运单据应当相应地显示开证行或申请人的名称，但无需显示信用证可能规定的开证行或申请人的地址或联络细节。

第 H16 段

如果申请人地址和联络细节显示为收货人或被通知人细节的一部分，其不得与信用证规定的申请人细节相矛盾。

转运、分批装运和多套空运单据交单期的确定

第 H17 段

转运是指从信用证规定的出发地机场到目的地机场之间的运输过程中，货物从一架飞机货下再装上另一架飞机。如果空运单据没有显示在

上述两个机场之间发生卸货和再装机,则不属于信用证和 UCP600 第 23 条 b 款和 c 款的转运。

第 H18 段

以一架以上的飞机进行的发送是分批装运,即使这些飞机在同一天出发并前往同一目的地。

第 H19 段

a. 如果信用证禁止分批装运,而提交了一套以上的正本空运单据,涵盖货物从一个或多个出发地机场(信用证特别允许的或规定的地理区域或机场范围内)发送,每套空运单据必须表明运输的货物是用同一架飞机,经同一航班,前往同一目的地机场。

b. 如果信用证禁止分批装运,而按照第 H19 段 a 款提交的一套以上的正本空运单据注明不同的发送日期,其中最迟的日期将用于计算交单期,但是该日期不得晚于信用证规定的最迟装运日期。

c. 如果信用证允许分批装运,而同一面函下单独交单包含一套以上的正本空运单据,单据表明不同的发送日期或不同的航班,其中最早的日期用于计算交单期,但是所有这些日期不得晚于信用证规定的最迟装运日期。

清洁空运单据

第 H20 段

空运单据不得含有明确声称货物或包装状况有缺陷的条款。例如:

a. 空运单据上载有的"包装无法满足行程"或类似措辞的条款,即属于明确声称包装状况有缺陷的例子。

b. 空运单据上载有的"包装可能无法满足行程"或类似措辞的条款并没有明确声称包装状况有缺陷。

第 H21 段

a. "清洁"字样没有必要在空运单据上显示,即使信用证要求空运单据标明"清洁"字样。

b. 删除空运单据上的"清洁"字样并非明确声称货物或包装状况有缺陷。

练习题

一、选择题

1. 按照提单的抬头不同,可以把提单分为(   )。

    A. 货代提单   B. 不记名提单 C. 记名提单   D. 指示提单

2. 航空运输中,在货物体积小、重量大的情况下,计费重量按(   )。

    A. 实际重量   B. 体积重量   C. 净重   D. 毛重

3. 在租船合同中,租方可以接受的船舶最早装货日期称为(   )。

    A. 受载日   B. 解约日   C. 装卸日   D. 截止日

4. 经过背书才能转让的提单是(   )。

    A. 指示提单   B. 不记名提单 C. 记名提单   D. 清洁提单

5. 计算航空货物的体积重量时,其计算公式为:货物体积重量＝货物体积÷(   )。

    A. 6   B. 0.6   C. 0.06   D. 0.006

6. 预借提单是指(   )。

    A. 货物实际装船时间晚于提单载明的装船日期的提单

    B. 货物实际收到时间晚于提单载明的签发日期的提单

    C. 晚于货物实际装运日期21天签发的提单

    D. 货物尚未装船,托运人要求承运人预先签发已装船提单

7. 出口商通过货代向船公司洽订舱位后,即由船公司签发(   ),出口商凭此办理出口报关及装运手续。

    A. S/O   B. B/L   C. D/R   D. D/O

8. 船公司代理在收到收货人提交的正本提单后会签发(   )。

    A. S/O   B. B/L   C. D/R   D. D/O

9. 发货人向海上承运人办理集装箱货物托运和配载装运时,会产生(   )。

    A. 托运单   B. 装货单   C. 装箱单   D. 场站收据

二、思考计算题

1. 甲方委托货代办理海运出口,货代接受委托后,出具 HBL 给甲方。甲方将提单转让给越南乙方。货代又以自己的名义向班轮公司订舱。班轮公司签发 MBL 给货代,运费预付。运输途中由于船方管货不当,造成货柜和货物受损。

班轮公司向货代索取运费,遭拒绝,理由是运费应由甲方支付,货代是甲方的代理人,且甲方并没有支付运费给货代。甲方向货代索赔货物损失,遭拒绝,理由是其没有索赔权。乙方向货代索赔,同样遭到拒绝,理由是货物的损失是由班轮公司过失造成的,理应由班轮公司承担责任。

请问:

(1) 货代是代理人还是承运人?

(2) 货代是否应支付班轮公司运费?

(3) 甲方是否有权向货代索赔货物损失?

(4) 乙方是否有权向货代索赔货物损失?

(5) 乙方否有权向班轮公司索赔货物损失?

2. 2017 年 1 月 6 日,浙江佳马有限公司业务员张捷收到法国客户 E 公司经理 Murielle Lebon 小姐的电子邮件,欲购浴室柜,邮件内容如下。

发件人:	muriellelebon@ero.com
收件人:	zhangjie@jiama.com
日　期:	2017-01-06　16:56:18
主　题:	Enquiry on Bathroom Cabinet
附　件:	Bathroom cabinet.jpg

Dear Miss Zhang,

　　Thanks for your sample of Bathroom Cabinet, item no. MF1309 on Dec. 15, 2016. We would be appreciated if you would give us a quotation in USD/pc on FOB Shanghai, China and CFR Marseilles, France. The order quantity is 800 pieces; The payment will be made after receipt of the copy of B/L by T/T.

Best regards,

Murielle Lebon

Ero Co., Ltd.

Add:98, Boulevard Paul Vaillant Couturier, 94 200 Ivry Sur Seine, France

Tel: 0033-1-46711991　Fax: 0033-1-46711996　E-mail: muriellelebon@ero.com

经查询,该浴室柜的海关监管证件代码为 AB;上海港至马赛港的海运费为 USD1600/40HC;每 160 个装 1 个 40HC。

通过几次磋商,2017 年 2 月 13 日,浙江佳马有限公司与 E 公司最终达成如下条款。

(1) 单价:128.00 美元/个,FOB 中国上海港,依据 incoterms®2010。

(2) 数量:800 个。

(3) 支付:20%合同金额在合同签订后 15 天内电汇支付,余款凭提单副本 T/T 支付。

(4) 运输:收到预付款后 45 天内交货;从中国上海港海运至法国马赛港,不允许转运和分批装运。

请问:

(1) CFR 马赛的出口报价是多少?

(2) 浙江佳马有限公司与 E 公司签订出口合同后,能否马上开始生产浴室柜,为什么?

(3) 浙江佳马有限公司在出口浴室柜前是否需要办理报检,为什么? 如果需要,海关检验合格后,要向报检单位出具什么凭证?

(4) 2 月 20 日,浙江佳马有限公司收到 Ero Co., Ltd.电汇预付款 20 480 美元。4 月 2 日,张捷向 Ero Co., Ltd.指定货代公司订了 4 月 8 日船期,你认为合理吗?

(5) 浙江佳马有限公司向 E 公司指定货代公司办理订舱和出口报关手续后,4 月 10 日,收到全套正本提单。同日,收到 E 公司经理 Murielle Lebon 小姐的电子邮件,要求余款改为凭电放提单副本 T/T 支付,你觉得可行吗?

第五章　国际货运保险

保险是一种补偿性的合同行为,投保人或称被保险人(insured)向保险人(insurer)支付一定金额的保险费,以取得保险人对被保险人将来可能遭受的特定损失承担赔偿的责任。

在国际贸易中,货物的交接要经过长途运输、装卸和存储等环节,遇到各种风险而遭受损失的可能性比较大。为此需要办理货物的运输保险。

国际货物运输保险一般是货主(投保人)在货物发运之前,按照一定的投保金额,向保险人(保险公司)投保特定的运输险。投保人按投保金额、投保险别及保险费率,向保险人支付保险费并取得保险凭证。保险人负责对投保货物在运输过程中遭受投保险别责任范围内的损失时,按投保金额及损失程度赔偿保险凭证的持有人。

一般来说,买卖合同种的保险条款所涉及的内容包括保险金额、投保险别、保险费、保险单证和保险适用条款。因为保险条款与价格条款有着必然的联系,所以采用不同的价格条款,投保人不同,保险条款的订立方法亦不相同。在货物装运前,被保险人按一定的保险金额、投保险别及保险费率向保险人即保险公司支付保险费并取得保险单据,若被保险货物在运输过程中遭受保险险别责任范围内的损失,则保险公司按保险金额及损失程度向保险单据的持有人赔偿。

(1) 在以 EXW、FAS、FOB、FCA、CFR、CPT 贸易术语签订合同时,保险条款可作如下规定:"保险由买方办理"(insurance is to be covered by the buyers)。

(2) 在以 DAT、DAP、DDP 贸易术语签订合同时,保险条款可作如下规定:"保险由卖方办理"(insurance is to be covered by the sellers)。

(3) 在以 CIF 或 CIP 贸易术语签订合同时,保险条款须明确规定投保人、投保险别以及确定保险金额的方法和保险适用条款,并注明该条款的生效时间。

一、中国海运货物与空运货物保险险别

中国人民保险公司根据我国保险业务的实际需要并参照国际保险市场的习惯做法,分别制定了各种不同运输方式的货物运输保险条款以及相应的附加险条款,总称中国保险条款(China Insurance Clauses,CIC)。我国的货物运输险别,按照能否单独投保,可分为基本险和附加险两类。

按照中国人民保险公司 1981 年 1 月 1 日修订的《海洋运输货物保险条款》规定,海洋运输保险的基本险别分为平安险、水渍险和一切险三种。

中国人民保险公司 1981 年 1 月 1 日修订的《航空运输货物保险条款》规定,航空运输货物保险分为航空运输险和航空运输一切险两种基本保险,此外,还有航空运输货物战争险等附加险。

航空运输险的承保责任范围与海洋货物运输保险条款中的"水渍险"相似。航空运输一切险的承保责任范围与海洋运输保险条款中的"一切险"相似。航空运输险和航空运输一切险的除外责任与海洋货物运输保险条款中基本险的除外责任基本相同(见表 5-1)。

表 5-1　海洋运输货物保险与航空运输货物保险对比表

中国人民保险公司海洋运输货物保险条款	中国人民保险公司航空运输货物保险条款
一、责任范围 本保险分为平安险、水渍险及一切险三种。被保险货物遭受损失时,本保险按照保险单上订明承保险别的条款规定,负赔偿责任	一、责任范围 本保险分为航空运输险和航空运输一切险两种。被保险货物遭受损失时,本保险按保险单上订明承保险别的条款负赔偿责任
(一)平安险 本保险负责赔偿: (1)被保险货物在运输途中由于恶劣气候、雷电、海啸、地震、洪水自然灾害造成整批货物的全部损失或推定全损。当被保险人要求赔付推定全损时,须将受损货物及其权利委付给保险公司。被保险货物用驳船运往或运离海轮的,每一驳船所装的货物可视作一个整批。推定全损是指被保险货物的实际全损已经不可避免,或者恢复、修复受损货物以及	(一)航空运输险 本保险负责赔偿: (1)被保险货物在运输途中遭受雷电、火灾或爆炸或由于飞机遭受恶劣气候或其他危难事故而被抛弃,或由于飞机遭受碰撞、倾覆、坠落或失踪意外事故所造成的全部或部分损失; (2)被保险人对遭受承保责任内危险的货物采取抢救,防止或减少货损的措施而支付的合理费用,但以不超过该批被救货物的保

（续表）

中国人民保险公司海洋运输货物保险条款	中国人民保险公司航空运输货物保险条款
运送货物到原定目的地的费用超过该目的地的货物价值； （2）由于运输工具遭受搁浅、触礁、沉没、互撞、与流冰或其他物体碰撞以及失火、爆炸意外事故造成货物的全部或部分损失； （3）在运输工具已经发生搁浅、触礁、沉没、焚毁意外事故的情况下，货物在此前后又在海上遭受恶劣气候、雷电、海啸等自然灾害所造成的部分损失； （4）在装卸或转运时由于一件或数件整件货物落海造成的全部或部分损失； （5）被保险人对遭受承保责任内危险的货物采取抢救、防止或减少货损的措施而支付的合理费用，但以不超过该批被救货物的保险金额为限； （6）运输工具遭遇海难后，在避难港由于卸货所引起的损失以及在中途港、避难港由于卸货、存仓以及运送货物所产生的特别费用； （7）共同海损的牺牲、分摊和救助费用； （8）运输契约订有"船舶互撞责任"条款，根据该条款规定应由货方偿还船方的损失 （二）水渍险 除包括上列平安险的各项责任外，本保险还负责被保险货物由于恶劣气候、雷电、海啸、地震、洪水自然灾害所造成的部分损失 （三）一切险 除包括上列平安险和水渍险的各项责任外，本保险还负责被保险货物在运输途中由于外来原因所致的全部或部分损失	险金额为限 （二）航空运输一切险 除包括上列航空运输险的责任外，本保险还负责被保险货物由于外来原因所致的全部或部分损失
二、除外责任 本保险对下列损失不负赔偿责任： （1）被保险人的故意行为或过失所造成的损失； （2）属于发货人责任所引起的损失； （3）在保险责任开始时，被保险货物已存在的品质不良或数量短差所造成的损失； （4）被保险货物的自然损耗、本质缺陷、特性以及市价跌落、运输延迟所引起的损失或费用；	二、除外责任 本保险对下列损失，不负赔偿责任： （1）被保险人的故意行为或过失所造成的损失； （2）属于发货人责任所引起的损失； （3）保险责任开始前，被保险货物已存在的品质不良或数量短差所造成的损失； （4）被保险货物的自然损耗、本质缺陷、特性以及市价跌落、运输延迟所引起的损失或费用；

（续表）

中国人民保险公司海洋运输货物保险条款	中国人民保险公司航空运输货物保险条款
（5）本公司海洋运输货物战争险条款和货物运输罢工险条款规定的责任范围和除外责任。	（5）本公司航空运输货物战争险条款和货物运输罢工险条款规定的责任范围和除外责任
三、责任起讫 本保险负"仓至仓"责任，自被保险货物运离保险单所载明的起运地仓库或储存处所开始运输时生效，包括正常运输过程中的海上、陆上、内河和驳船运输在内，直至该项货物到达保险单所载明目的地收货人的最后仓库或储存处所或被保险人用作分配、分派或非正常运输的其他储存处所为止。如未抵达上述仓库或储存处所，则以被保险货物在最后卸载港全部卸离海轮后满60天为止。如在上述60天内被保险货物需转运到非保险单所载明的目的地时，则以该项货物开始转运时终止	三、责任起讫 本保险负"仓至仓"责任，自被保险货物运离保险单所载明的起运地仓库或储存处所开始运输时生效，包括正常运输过程中的运输工具在内，直到该项货物运达保险单所载明目的地收货人的最后仓库或储存处所或被保险人用作分配、分派或非正常运输的其他储存处所为止。如未运抵上述仓库或储存处所，则以被保险货物在最后卸载地卸离飞机后满30天为止。如在上述30天内被保险的货物需转送到非保险单所载明的目的地时，则以该项货物开始转运时终止

二、名词解释

（一）全部损失

全部损失简称全损。全损有实际全损和推定全损之分。

1. 实际全损

实际全损是指货物完全灭失或变质而失去原有用途，即货物的全部损失已经发生或者不可避免。例如，船舶触礁后船货同时沉入海底；水泥经海水浸泡结块丧失使用价值。此外，船舶失踪达到一定时期，例如，已达半年仍无信息，也可视作实际全损。

2. 推定全损

推定全损是指货物受损后，进行施救、整理和恢复原状所需的费用，或者再加上续运至目的地的费用总和估计要超过货物在目的地的完好状态的价值。此外，按习惯，保险标的遭受保险责任范围内的事故致使被保险人失去标的所有权，而收回此所有权所需支出的费用将超过收回后的标的价值，也可按推定全损处理。发生推定全损时，被保险人可要求按部分损失赔偿。如果要求按全部损失赔偿,被保险人必须及时向保险人办理委付手续。委付是指被保险人将保险货物的一切权利转让给保险人,并要求保险人按全损给予赔偿的行为。委付必须经保险人承诺方为有效。

(二) 部分损失

部分损失是指被保险货物的损失没有达到全部损失的程度。部分损失又可分为共同海损与单独海损。

1. 共同海损

共同海损是指载货船舶在海运途中遇到危难,船长为了维护船舶和货物的共同安全并使航程得以继续完成,有意地并且合理地做出的某些特殊牺牲或支出的特殊费用。共同海损的成立应具备以下几个条件。

(1) 船方在采取紧急措施时,必须确有危及船、货共同安全的危险存在。例如,货舱起火而采取灭火措施,致使被直接燃烧以外的货物遭受水湿损失。这种损失是为了船货共同安全而采取的紧急措施所造成的,因而属于共同海损。假如船方误把机舱外的烟雾臆测是因火灾引起而采取喷水措施,导致部分货物受潮。由于客观上并无危及船货共同安全的危险,此项货物受潮损失不能构成共同海损。

(2) 船方所采取的措施必须是有意的、合理的。有意的是指共同海损的发生必须是人为的结果,而不是一种意外的损失。例如,载货船舶搁浅,在别无他法的情况下,被迫抛弃一部分船上货物使船舶起浮,从而使船货解除危险,这种抛弃是有意的。合理的是指在采取共同海损行为时,须符合当时实际情况的需要。例如,上述抛货,应该选择量重而价低的,如果将量轻价高的货物抛弃就属不合理。

(3) 所做出的牺牲或支出的费用必须是非常性质的。非常性质是指这种牺牲或费用不是通常业务中所必然会遇到或支出的。例如,载货船舶搁浅后,船壳出现裂缝,经过临时补漏后驶往附近港口修理以保证完成航程。为修船,必须将货物卸至岸上,在卸货过程中使一些货物遭到的正常损坏以及有关卸载贮存费用都是为船货共同安全而采取的合理措施所引起的具有特殊性质的后果和额外支出的费用,应属共同海损。

(4) 构成共同海损的牺牲和费用支出,最终必须是有效的。即经过采取共同海损措施后,船舶和货物的全部或一部最后安全抵达目的港,避免了船货的同归于尽。

共同海损牺牲和费用都是为了使船舶、货物和待收运费免于遭受损失而支出的,因而应该由船舶、货物和运费三方按最后获救的价值按比例分摊,这种分摊叫做共同海损分摊。

2. 单独海损

单独海损是指货物受损后,未达到全损程度,而且是单独一方的利益受损并只能由该利益所有者单独负担的一种部分损失。单独海损与共同海损的主要区别在于:①前者是海上风险直接导致的损失,后者是为了解除或减轻这些风险而人为造成的损失;②前者由受损方自行承担,后者由受益各方按比例分摊。

(三)施救费用

施救费用是指在遭遇保险责任范围内的灾害事故时,被保险人或其代理人、雇佣人员和保险单受让人等为抢救保险标的物所采取的措施而支出的费用。

(四)救助费用

救助费用是指保险标的物遇到上述灾害事故时,由保险人和被保险人以外的第三者采取救助行为而向其支付的报酬。

(五)战争险

战争险承保由战争、类似战争行为、敌对行为、武装冲突或海盗行为等所造成运输货物的直接损失,由于上述原因所引起的捕获、拘留、扣留、禁制、扣押等所造成的运输货物的损失,包括各种常规武器所造成的运输货物的损失,以及由本险责任范围所引起的共同海损牺牲、分摊和救助费用。

战争险的责任起讫与其他险所采用的"仓至仓"条款不同,以"船上"为限,保险人的承保责任自货物装上保险单所载明的起运港的船舶开始,到卸离保险单所载明的目的港的船舶截止。如果货物不卸离船舶,则从船舶到达目的港当日午夜起算满15天之后责任自行终止;如果中途转船,不论货物在当地卸货与否,保险责任以船舶到达该港可卸货地点的当日午夜起算满15天截止,等再装上续运船舶时,保险责任才继续有效。

航空运输货物战争险的保险责任是自被保险货物装上保险单所载明的起运地的飞机时开始,直到卸离保险单所载明的目的地的飞机时截止。如果被保险货物不卸离飞机,则以载货飞机到达目的地的当日午夜起计算满 15 天截止。如被保险货物在中途转运时,保险责任以飞机到达转运地的当日午夜起算满 15 天截止。一经装上续运的飞机,保险责任再恢复有效。

此外,航空运输货物保险,还可加保罢工险,其保险手续的办理也与海运货物罢工险相同,即在加保战争险的同时加保罢工险,不另收费,若仅要求加保罢工险,则按战争险费率收费。其承保责任范围与海洋运输罢工险相同。

(六) 罢工险

罢工险承保因罢工者、被迫停工工人和参加工潮、暴动及民众斗争人员,采取行动造成保险货物的损失,即凡因罢工、被迫停工所直接造成的损失都属其承保范围,其除外责任与战争险相同,责任起讫采取"仓至仓"条款。按国际保险业惯例,在投保战争险的前提下加保罢工险,不另增收保险费,如仅要求加保罢工险,则按战争险费率收费。

海上保险也同其他保险一样,都要求被保险人必须对保险标的物具有保险利益,但海上保险不要求被保险人在订立保险合同时必须具有保险利益,而仅要求他在保险标的发生损失时必须具有保险利益。这种规定是与国际贸易的特点有关的。例如,在国际贸易活动中,买卖双方分处两国,以 FOB 和 CFR 术语订立的合同为例,货物风险转移在装运港装上船为界。显然,货物在装上船、风险转移之前,仅卖方有保险利益,而买方并无保险利益。买方投保时取得的保险单尽管也载明适用"仓至仓"条款,但保险公司的实际保险责任仅从货物在装运港装上船或在发货地承运人接管货物时才开始。

三、伦敦保险协会海运货物与空运货物保险险别

英国伦敦保险协会所制定的《协会货物条款》(institute cargo clauses,ICC)对世界各国保险业的影响最大,应用最为广泛。该条款于 2009 年 1 月 1 日起正式使用,它系统阐述了承保范围、除外责任、保险期限等内容。ICC 条款共有以

下六种海运险别。

（1）协会货物（A）险条款，即 ICC（A）。

（2）协会货物（B）险条款，即 ICC（B）。

（3）协会货物（C）险条款，即 ICC（C）。

（4）协会货物战争险条款。

（5）协会货物罢工险条款。

（6）恶意损害险条款。

在以上六种险别中除恶意损害险外，前五种险别可以单独投保。另外，ICC（A）险中包括恶意损害险，但在投保 ICC（B）险或 ICC（C）险时，应另行投保恶意损害险。

伦敦保险协会空运货物保险条款有协会空运货物保险条款、协会空运货物战争险条款、协会空运货物罢工险条款。协会空运货物保险条款与 ICC（A）海运保险条款的异同如表 5-2 所示。

表 5-2　ICC（A）与协会空运货物保险条款对比表

ICC（A）1/1/09（节选）	协会（空运）货物保险条款 1/1/09（节选）
除外责任	除外责任
4. 本保险无论如何不承保下列事项	3. 本保险无论如何不承保下列事项
4.1　被保险人故意行为所造成的损失、损害或费用	3.1　被保险人故意行为所造成的损失、损害或费用
4.2　保险标的的正常渗漏、重量或容量的正常损耗，或正常磨损	3.2　保险标的的正常渗漏、重量或容量的正常损耗，或正常磨损
4.3　由于保险标的包装或配载不固或不当造成无法抵抗运输途中发生的通常事故而产生的损失、损害或费用，且该种包装或配载是由被保险人或其雇员完成或该种包装或配载是在本保险责任开始前完成的（本条所称的"包装"包括集装箱内的积载；本条所称的"雇员"不包括独立合同商）	3.3　由于保险标的包装或配载不固或不当造成无法抵抗运输途中发生的通常事故而产生的损失、损害或费用，且该种包装或配载是由被保险人或其雇员完成或该种包装或配载是在本保险责任开始前完成的（本条所称的"包装"包括集装箱内的积载；本条所称的"雇员"不包括独立合同商）
4.4　由于保险标的的内在缺陷或特性造成的损失、损害或费用	3.4　由于保险标的的内在缺陷或特性造成的损失、损害或费用
4.5　由延迟引起的损失、损害或费用，即使延迟是由承保风险所引起	3.5　在本保险合同生效前装载已经开始的，被保险人或其雇员在保险标的的装载时已知情的，飞机、运输工具或集装箱不适
4.6　由于船舶所有人、经理人、租船人或经营人破产或经济困境造成的损失、损害	

ICC（A）1/1/09（节选）	协会（空运）货物保险条款1/1/09（节选）
或费用，且该情况仅适用于：被保险人在保险标的装载时已经知道，或者在正常业务经营中应当知道，此种破产或者经济困境会导致该航程取消	于安全装载保险标的所引起的损失、损害或费用
4.7 由于使用任何原子或核子裂变和/或聚变或其他类似反应或放射性物质的武器或设备直接或间接造成的损失、损害或费用	3.6 由延迟引起的损失、损害或费用，即使延迟是由承保风险所引起
5.1 本保险无论如何不承保下列事项所引起的损失、损害或费用	3.7 由于飞机所有人、经理人、租机人或经营人破产或经济困境造成的损失、损害或费用，且该情况仅适用于：被保险人在保险标的装载时已经知道，或者在正常业务经营中应当知道，此种破产或者经济困境会导致该航程取消
5.1.1 被保险人在保险标的装载时已经知道船舶或驳船的不适航，及船舶或驳船不适合安全运输保险标的所引起的损失或费用	
5.1.2 集装箱或运输工具不适合安全运输保险标的，适用于：在本保险合同生效前装货已经开始，或被保险人或其雇员在保险标的装船时已经知道上述情况	3.8 由于使用任何原子或核子裂变和/或聚变或其他类似反应或放射性物质的武器或设备直接或间接造成的损失、损害或费用
6. 本保险无论如何不承保下列事项所造成的损失、损害或费用	4. 本保险无论如何不承保下列事项所造成的损失、损害或费用
6.1 战争、内战、革命、叛乱、造反或由此引起的内乱，或交战国或针对交战国的任何敌对行为	4.1 战争、内战、革命、叛乱、造反或由此引起的内乱，或交战国或针对交战国的任何敌对行为
6.2 捕获、拘留、扣留、禁制、扣押（海盗行为除外）以及这种行为的后果或这方面的企图	4.2 捕获、拘留、扣留、禁制、扣押（海盗行为除外）以及这种行为的后果或这方面的企图
6.3 被遗弃的水雷、鱼雷、炸弹或其他被遗弃的战争武器	4.3 被遗弃的水雷、鱼雷、炸弹或其他被遗弃的战争武器
7. 本保险无论如何不承保下列损失、损害或费用	5. 本保险无论如何不承保下列损失、损害或费用
7.1 由罢工者、被迫停工工人或参与工潮、暴动或民众骚乱的人员所致者	5.1 由罢工者、被迫停工工人或参与工潮、暴动或民众骚乱的人员所致者
7.2 罢工、被迫停工、工潮、暴动或民众骚乱引起者	5.2 罢工、被迫停工、工潮、暴动或民众骚乱引起者
7.3 恐怖主义行为，或与恐怖主义行为相联系，任何组织通过暴力直接实施的旨在推翻或影响法律上承认的或非法律上承认的政府的行为所致者	5.3 恐怖主义行为，或与恐怖主义行为相联系，任何组织通过暴力直接实施的旨在推翻或影响法律上承认的或非法律上承认的政府的行为所致者
7.4 任何人出于政治、信仰或宗教目的实施的行为所致者	5.4 任何人出于政治、信仰或宗教目的实施的行为所致者

（续表）

ICC(A)1/1/09(节选)	协会(空运)货物保险条款1/1/09(节选)
保险期间	保险期间
8.1　本保险责任自保险标的为了开始航程立即搬运至运输车辆或其他运输工具的目的,在仓库或储存处所(本保险合同载明的地点)首次搬动保险标的时生效,包括正常运输过程,直至运到下述地点时终止:	6.1　本保险责任自保险标的为了开始航程立即搬运至运输车辆或其他运输工具的目的,在仓库或储存处所(本保险合同载明的地点)首次搬动保险标的时生效,包括正常运输过程,直至运到下述地点时终止:
8.1.1　在本保险合同载明的目的地最后仓库或储存处所,从运输车辆或其他运输工具完成卸货	6.1.1　在本保险合同载明的目的地最后仓库或储存处所,从运输车辆或其他运输工具完成卸货
8.1.2　在本保险合同载明的目的地任何其他仓库或储存处所,或在中途任何其他仓库或储存处所,从运输车辆或其他运输工具完成卸货,上述任何其他仓库或储存处所是由被保险人或其雇员选择用作:在正常运输过程之外的储存、分配或分派保险标的	6.1.2　在本保险合同载明的目的地任何其他仓库或储存处所,或在中途任何其他仓库或储存处所,从运输车辆或其他运输工具完成卸货,上述任何其他仓库或储存处所是由被保险人或其雇员选择用作:在正常运输过程之外的储存、分配或分派保险标的
8.1.3　被保险人或其雇员在正常运输过程之外选择任何运输车辆或其他运输工具或集装箱储存保险标的	6.1.3　被保险人或其雇员在正常运输过程之外选择任何运输车辆或其他运输工具或集装箱储存保险标的
8.1.4　自保险标的在最后卸货港卸离海轮满60天为止 上述情况以先发生者为准	6.1.4　自保险标的在最后卸货地点卸离飞机满30天为止 上述情况以先发生者为准
8.2　如果保险标的在最后卸载港卸离海轮后,本保险责任终止前,需被转运至非保险单载明的其他目的地时,本保险在依然受上述8.1.1至8.1.4有关终止规定所制约的同时,截至与该项保险标的开始转运之时	8.2　如果保险标的在最后卸载地点卸离飞机后,本保险责任终止前,需被转运至非保险单载明的其他目的地时,本保险在依然受上述6.1.1至6.1.4有关终止规定所制约的同时,截至与该项保险标的开始转运之时

　　ICC(B)、ICC(C)的承保范围均采用"列明风险"方式,ICC(B)的除外责任是ICC(A)的除外责任加上ICC(A)的"海盗行为"与"恶意损害险"。ICC(C)的除外责任与ICC(B)的除外责任完全相同,具体如表5-3所示。

表 5-3　ICC(B)与 ICC(C)承保责任范围对照表

承保范围	ICC(B)险	ICC(C)险
火灾或爆炸	×	×
船舶或驳船搁浅、触礁、沉没或倾覆	×	×
陆上运输工具的倾覆或出轨	×	×
在避难港卸货	×	×
抛货	×	×
共同海损牺牲	×	×
船舶、驳船或运输工具同水以外的任何物体碰撞	×	×
地震、火山爆发或雷电	×	—
浪击落海	×	—
海水、湖水或河水进入船舶、驳船、运输工具、集装箱、大型海运箱或贮存处所	×	—
货物在装卸时落海或跌落造成任何整件的全损	×	—
海盗行为造成的损失	—	—
恶意损害险造成的损失	—	—

说明:"×"表示承保责任;"—"表示免责或除外责任。

ICC(A)、ICC(B)、ICC(C)的承保范围分别类似于我国海洋货物运输中的"一切险""水渍险"和"平安险"。

ICC(A)、ICC(B)、ICC(C)条款的责任起讫也是"仓至仓"条款。

四、办理进出口货物运输保险的基本做法

(一) 出口货物运输保险

凡按 CIF 或 CIP 条件订立的出口合同,由出口方负责投保。出口方向当地保险公司办理投保手续时,应根据出口合同及/或信用证规定,在备妥货物,确定运输工具和装运日期后按规定格式填写投保单,送交保险公司,交付保险费并取得保险单。投保人交付保险费是保险合同生效的前提条件。

保险金额是保险公司赔付的最高额度,也是计算保险费的依据。出口货物的保险金额一般按 CIF 货价另加 10% 计算,这增加的 10% 叫保险加成率,也就是买方进行这笔交易所付出的业务费用。

投保加成的计算公式为:

$$投保加成 = 1 + 保险加成率$$

保险金额的计算公式为:

$$保险金额 = CIF 货价 \times (1 + 保险加成率)$$

保险费的计算公式为:

$$保险费 = 保险金额 \times 保险费率$$

(二) 进口货物运输保险

凡按 FOB、CFR、FCA、CPT 条件订立的进口货物买卖合同,由买方负责投保,一般有两种投保方式:①买方为了防止漏保和延误投保,也为了简化手续,采用预约保险做法,即由买方与保险公司事先签订年度进口预约保险合同(open cover),又称预约保单(open policy);②单票投保,即按航次投保。

在运输保险的进口业务中,投保人是买方,买方可以根据自己的意愿加成投保或者不加成投保,以此计算保险金额以及保险费。其计算公式为:

$$FOB 进口货物保险金额 = (FOB 价 + 运费) \times (1 + 保险费率)$$
$$CFR 进口货物保险金额 = CFR 价 \times (1 + 保险费率)$$

五、保险单据

(一) 投保单

投保单是进出口方向保险公司对运输货物进行投保的申请书,投保单经投保人据实填写交付给保险人就成为投保人表示愿意与保险人订立保险合同的书面要约。保险公司在收到投保单后即缮制保险单。

投保单一般是在逐笔投保方式下采用的做法。进出口企业在投保单中要填制的内容包括货物名称、运输标志、包装及数量、保险金额、保险险别、运输工具、开航日期、提单号等。

（二）保险单

保险单据是保险人与被保险人之间权利、义务的契约，是被保险人索赔和保险人理赔的依据，是进出口贸易结算的主要单据之一。保险单据可以背书转让。常用的保险单据主要有保险单、预约保险单、保险凭证。

1. 保险单

保险单（insurance policy），也称为航次保险单，是一种单票的保险合同。其正面内容一般包括：被保险人名称、货名、运输标志、运输工具、起讫地点、承保险别、保险币种和金额，出单日期等项目；背面印有保险人与被保险人之间权利和义务的条款。保险公司大都出具此类保险单据。

保险公司在出立保险单后，被保险人如需要补充、更改保险内容，保险公司可应被保险人的申请，出具修改保险内容的凭证，即批单，批单须粘贴在原保险单上，并加盖骑缝章。

2. 预约保险单

预约保险单（open policy），也称为预约保险合同，是保险人承保被保险人通常在一年内进出口货物的保险总合同。双方约定保险标的、保险险别、保险费率、适用的保险条款、保险期间、保险费的交付、赔款的支付等内容。每一批具体货物的保险仍需订立独立的分合同。分合同的有关基本保险条款已在总合同中有了统一约定，因此在分合同中无需重新约定，而是以保险人向被保险人出具保险凭证简化订立。

3. 保险凭证

保险凭证（insurance certificate）是一种简化的保险合同。保险凭证的内容，由于基本条款已经在预约保险单中进行了约定，背面未印有详细条款，但是正面内容与保险单相同，在法律上与保险单具有同等法律效力。

预约保险合同项下就每一批货物分别签发的保险凭证可以构成一个独立的货物运输保险合同，即都是预约保险总合同下的独立的分合同。凡属于预约保

险范围内的进出口货物,一经启运,即自动按预约保险单所列条件承保。通常是被保险人以装运通知书或其他书面形式将预约保险的货物名称、数量、保险金额、运输工具的种类和名称、航程起讫地点、开航日期等情况通知保险人并缴纳保险费,保险人据此签发保险凭证。

 相关链接

《关于审核跟单信用证项下单据的国际标准银行实务》(ISBP745)(节选)

保险单据和承保范围

UCP600 第 28 条的适用

第 K1 段

信用证要求提交保险单据,例如,保险单、预约保险项下的保险凭证或保险声明,则该单据的审核将适用 UCP600 第 28 条。

保险单据的出具人、签署和正本保险单据

第 K2 段

a. 保险单据必须表面上由保险公司或承保人或其代理人或代表出具并签署。例如,"AA Insurance Ltd"出具并签署的保险单据即表面上已由保险公司出具。

b. 如果出具人表明为"保险人"身份,保险单据无须显示出具人为保险公司或承保人。

第 K3 段

保险单据可以在保险经纪人的信笺上出具,只要该保险单据是由保险公司或承保人或其代理人或代表签署。保险经纪人可以作为具名保险公司或具名承保人的代理人或代表签署保险单据。

第 K4 段

保险单据由代理人或代表签署时,必须注明其所代理或代表签署的保险公司或承保人的名称,除非保险单据的其他地方已经表明了保险公司或承保人。例如,当"AA Insurance Ltd"已经表明其为保险人时,保险

单据可以由"John Doe(作为代表)代表保险人"或"John Doe(作为代表)代表 AA Insurance Ltd"签署。

第 K8 段

如果信用证要求保险单据出具一份以上的正本,或者保险单据显示其已经出具了一份以上的正本,则所有正本都必须提交并表面看已经签署。

日期

第 K9 段

保险单据不应表明索赔的有效期限。

第 K10 段

a. 保险单据不应显示保险生效日期晚于装运日期。

b. 如果保险单据显示出具日期晚于(UCP600 第 19 条至第 25 条所定义的)装运日期,则必须以附注或批注的方式清楚地表明保险生效日期不晚于装运日期。

c. 保险单据显示保险期限为"仓至仓"或类似条款,而出具日期晚于装运日期,并不表示保险生效日期不晚于装运日期。

保险金额和比例

第 K12 段

如果信用证未规定保险金额,保险单据必须以信用证的币别至少按 UCP600 第 28 条 f 款 ii 项规定的金额出具。对保险金额的最高比例没有限制。

第 K13 段

保险金额不需要保留两位以上的小数。

第 K14 段

保险单据可以表明保险受相对免赔率或绝对免赔额的约束。但是,如果信用证要求保险不计免赔率时,保险单据不得含有表明保险受相对免赔率或绝对免赔额约束的条款。保险单据无须注明"不计免赔率"。

第 K15 段

如果从信用证或单据清楚得知要求收款的金额仅是货物总价的一部分(例如,由于折扣、预付款或类似情形或部分货款延付),保险金额的计算必须以发票或信用证所显示的货物总价值为基础,并符合 UCP600 第 28 条 f 款 ii 项的要求。

第 K16 段

同一运输的同一险别的保险必须由同一份保险单据所表示,除非进行部分保险的多份保险单据通过百分比或其他方式明确表明以下情况。

a. 每一保险人的保险价值。

b. 每一保险人分别承担各自的保险责任不受同一运输可能已经办理的其他保险的影响。

c. 各份保险单据承保的合计金额,至少为信用证要求或者 UCP600 第 28 条 f 款 ii 项规定的保险金额。

承保险别

第 K17 段

a. 保险单据必须承保信用证要求的险别。

b. 即使信用证可能明确规定应承保的险别,保险单据也可以援引除外条款。

第 K18 段

如果信用证要求承保"一切险",无论保险单据是否标明"一切险"标题,即使其表明特定险别除外,提交载有"一切险"条款或批注的保险单据即满足信用证要求。保险单据表明其承保"伦敦保险协会货物运输保险条款(A)",或者在空运情况下承保"伦敦保险协会货物运输保险条款(空运)",即符合信用证要求"一切险"条款或批注的条件。

被保险人和背书

第 K19 段

保险单据必须按信用证要求的形式出具,如有必要,还必须由要求索赔或有权索赔的实体背书。

第 K20 段

a. 信用证不应要求保险单据出具成"凭来人"或"凭指示"。信用证应当显示被保险人的名称。

b. 如果信用证要求保险单据出具成"凭(具名实体)指示",则保险单据无须显示"凭指示"字样,只要保险单据表明该具名实体为被保险人,或者表明将赔付给该具名实体并且没有明确规定禁止背书转让。

第 K21 段

a. 如果信用证对被保险人未做规定,保险单据不得表明将赔付给信用证的受益人,或除了开证行和申请人以外的其他实体,或受益人或其他实体指示的一方,除非保险单据已经由受益人或该实体做了空白背书,或背书给了开证行或申请人。

b. 保险单据必须出具或背书成使保险单据项下的索赔权利在放单之时或之前得以转让。

 练习题

一、选择题

1. 某外贸公司向日、英两国商人分别以 CIF 和 CFR 价格出售蘑菇罐头,被保险人均办理了保险手续。这两批货物自启运地仓库运往装运港的途中发生交通事故均遭受损失。

(1) 这两笔交易中各由谁办理货运保险手续?(　　)

A. CIF 合同由外贸公司办理保险、CFR 合同由英商办理保险

B. CFR 合同由外贸公司办理保险、CIF 合同由英商办理保险

C. 均由外贸公司办理保险

D. 均由外商办理保险

(2) 该两批货物损失的风险各由谁承担?(　　)

A. CIF 合同的损失由卖方承担、CFR 合同的货物损失由买方承担

B. CFR 合同的损失由卖方承担、CIF 合同的货物损失由买方承担

C. 两批货物的损失均由卖方承担

D. 两批货物的损失均由买方承担

(3) 保险公司是否给予赔偿? (　　)

A. 保险公司给予赔偿

B. 保险公司不予赔偿

C. 保险公司赔偿 CIF 合同的货物损失、不赔 CFR 合同的货物损失

D. 保险公司赔偿 CFR 合同的货物损失、不赔 CIF 合同的货物损失

(4) CIC 海运货物基本险的保险责任时间终止点为(　　)。

A. 货到目的地卸离运输工具时止　　B. 货到目的地卸货人的仓库时止

C. 货到目的地收货人接手货物时止　　D. 货到目的地收货人的仓库时止

2. 根据 CIC 条款,航空运输险负"仓至仓"责任,自被保险货物运离保险单所载明的起运地仓库或储存处所开始运输时生效,直至该项货物到达保险单所载明目的地收货人的最后仓库或储存处所。如未抵达上述仓库或储存处所,则以被保险货物在最后卸载地点全部卸离运输工具后满(　　)天为止。

A. 20　　　　　　　B. 30　　　　　　　C. 60　　　　　　　D. 90

3. ICC(B)险承保风险包括(　　)。

A. 火灾、爆炸　　　B. 海盗行为　　　C. 共同海损牺牲D. 雷电

4. 船舶在航行途中因故搁浅,船长为了解除船货的共同危险,有意、合理地将部分货物抛入海中,使船舶起浮,继续航行至目的港。对于搁浅和抛货造成的损失,下列说法正确的是(　　)。

A. 前者属单独海损,后者属共同海损

B. 前者属共同海损,后者属单独海损

C. 都属单独海损

D. 都属共同海损

二、思考计算题

1. 某外贸公司以 CIF 上海进口一批货物,国外出口方为货物投保了一切险。货物到达上海港卸货后,该外贸公司将其放在码头的仓库暂存,同时在国内

寻找合适的买主。三天后,该公司在国内找到买主,并将货物立刻运往买主的仓库,途中车辆发生倾覆而使部分货物受损。于是外贸公司凭卖方背书转让的保单提出索赔。保险公司是否应该赔偿损失? 为什么?

2. 有一份 FOB 合同,买方已向保险公司投保"仓至仓条款"的一切险,货物从卖方仓库运往装运港码头途中,发生承包范围内的风险损失,事后卖方以保险单含有"仓至仓"条款,要求买方以买方的名义凭保险单向保险公司索赔,但遭到拒绝。

请问:

(1) 保险公司拒绝赔付合理吗?

(2)"仓至仓"条款在这里可以实现吗?

3. 我国以 CIF 术语向哥斯达黎加出口一批货物,货物交运前卖方及时投保了一切险和战争险,货物在马六甲海峡附近遭遇海盗抢劫,部分货物被抢走。

请问:

(1) 保险公司是否应该赔偿?

(2) 应该由买方还是卖方向保险公司索赔?

4. 甲国 A 公司出售货物给乙国 B 公司,双方签订一份 CFR 合同。承运人C 公司负责货物运输,保险公司 D 为该批货物办理保险手续。船舶在海上航行时因意外起火致使货物全被烧毁。B 公司以货物已不存在为由拒绝向 A 公司支付货款。

请问:

(1) 与 C 公司订立运输合同的是哪一公司?

(2) 与 D 公司订立保险合同的是哪一公司?

(3) B 公司可否拒付货款?

第六章　国际支付

国际货物买卖发展迅速,数量、品种、金额等都在不断扩大,传统"银货两讫"的结算方式早已不能适应现代国际贸易的需求,外贸收汇都是经由银行,通过票据、单据等结算工具的转移和传递,来清偿国际间的债权、债务,从而实现买卖的最终完成。

目前,国际贸易的结算方式主要有汇款、托收和信用证。各种结算方式对不同的当事人来说,有不同的利弊。选择哪种结算方式主要取决于交易的国家、客户和交易的实际情况、融资需求、风险保障程度以及银行服务范围等因素。当前中、小企业运用最多的国际结算方式是汇款。

一、汇款

汇款是一种古老的结算方式,今天在外贸活动中仍得到广泛的运用。汇款结算又根据其性质,分为前 T/T 和后 T/T 两种。

所谓前 T/T 即预付款,就是进口方订货时通过银行以电汇(telegraphic transfer,T/T)方式,即采用 SWIFT(环球银行间金融电讯网络)报文,指示出口方银行解付一定金额给出口方。

出口方在发货前就已经收到了货款,然后,按合同规定的时间内,将货物发给进口方。显而易见,前 T/T 是一种对于出口方较为有利的结算方式。因为,出口方在发货前就已经收到了货款,实际上等于得到了进口方的无息贷款,其出口的风险程度已经得到了控制。

前 T/T 是一种对进口方较为不利的结算方式,因为:①货未到手就付了款,等于向对方提供了无息贷款,造成了利息损失;②进口方实际承担了贸易中的风险,即出口方可能在收款后,不按时、按量、按质地发货,使自己处于被动地位。

汇款的另一种结算方式后 T/T,又称后付款或赊账,出口方将货物装运出口后,将货运单据交付给进口方,然后按约定的期限向进口方结算。结算时由进口方将账款通过银行电汇给出口方。

后 T/T 是一种有利于进口方,而不利于出口方的结算方式。其具体做法是,出口方货款的收回往往是要等到进口方收到货物的一段时间之后。因此:①出口方要承担进口方可能不付款、不按时付款或不足额付款的风险;②如果进口方收到货物后,认为货物质量不符合要求,或者市场行情发生了变化,他可以拖延付款、少付款,甚至不付款,风险可能完全由出口方承担。

在汇款业务中,通常有以下四个关系人。

1. 汇款人

汇款人(remitter)是指汇出款项的人,在进出口交易中,汇款人通常是进口方。

2. 收款人

收款人(payee)是指收取款项的人,在进出口交易中通常是出口方。

3. 汇出行

汇出行(remitting bank)是指受汇款人的委托汇出款项的银行。通常是在进口地的银行。

4. 汇入行

汇入行(paying bank)是指受汇出行委托解付汇款的银行,因此,又称解付行,通常是出口地的银行。汇款人在委托汇出行办理汇款时,要出具汇款申请书。汇出行一经接受申请就有义务按照汇款申请书的指示通知汇入行。汇出行与汇入行之间,事先订有代理合同,在代理合同规定的范围内,汇入行对汇出行承担解付汇款的义务。

二、托收

出口方根据买卖合同先行发运货物,然后开立汇票(或不开汇票)连同货运单据,向出口地银行提出托收申请,委托出口地银行(托收行)通过其在进口地的

代理行或往来银行(代收行)向进口方收取货款。

(一) 托收方式的当事人

1. 委托人

委托人(principal)是指委托银行办理托收业务的客户,通常是出口方。

2. 托收行

托收行(remitting bank)是指接受委托人的委托,办理托收业务的银行。一般为出口地银行。

3. 代收行

代收行(collecting bank)是指除委托行以外参与办理托收业务的任何银行。一般为进口地银行。

4. 提示行

提示行(presenting bank)是指向付款人提示单据的银行。提示银行可以是代收行委托与付款人有往来账户关系的银行,也可以由代收行自己兼任提示行。

5. 付款人

付款人(payer)是指根据托收指示付款的人,通常为进口方。

委托人在委托银行办理托收时,须随附一份托收委托书,在委托书中明确提出各种指示。银行接受委托后,则按照委托书的指示内容办理托收。

(二) 托收的种类

1. 付款交单

付款交单(documents against payment, D/P)是指出口方的交单是以进口方的付款为条件。即出口方发货后,取得装运单据,委托银行办理托收,并在托收委托书中指示银行,只有在进口人付清货款后,才能把货运单据交给进口人。按付款时间的不同,付款交单又可分为即期付款交单(documents against payment at sight, D/P at sight)和远期付款交单(documents against payment after sight, D/P after sight)。

(1) 即期付款交单是指出口方发货后开具即期汇票连同货运单据,通过银行向进口方提示,进口方见票后立即付款,在付清货款后向银行领取货运单据。

(2) 远期付款交单是指出口方发货后开具远期汇票连同货运单据,通过银行向进口方提示,进口方审核无误后即在汇票上进行承兑,于汇票到期日付清货款后再领取货运单据。

若按 D/P 远期的做法,进口方既不能提货,又要承担因货压港而产生的滞迟费。若进口方想避免此种情况的发生,则必须提早付款,从而提早提货,那么 D/P 做远期实际上已经没有意义。

托收方式既然是一种对进口方有利的结算方式,就应体现其优越性。D/P 远期的本意是出口方给进口方的资金融通。因此,很多国家规定,所有的 D/P 远期均应视作承兑交单对待。

2. 承兑交单

承兑交单(documents against acceptance,D/A)是指出口方的交单以进口方在汇票上承兑为条件。即出口方在装运货物后开具远期汇票,连同货运单据,通过银行向进口方提示,进口方承兑汇票后,代收行即将货运单据交给进口方,在汇票到期时履行付款义务。

由于承兑交单是进口方只要在汇票上办理承兑之后,即可取得货运单据,凭以提取货物。所以,承兑交单方式只适用于远期汇票的托收。

(三) 汇票

汇票(bill of exchange)是出票人签发的,委托付款人在见票时或者在指定日期无条件支付确定的金额给收款人或持票人的票据。汇票样本如图 6-1 所示。

汇票是一种流通票据,可以在票据市场上流通转让。背书是转让汇票权利的法定手续,就是由汇票持有人在汇票背面记载有关事项经签章,或再加上受让人(被背书人)的名字,并把汇票交给受让人的行为。经背书后,汇票的收款权利便转移给受让人。汇票可以经过背书不断转让下去。对于受让人来说,所有在他以前的背书人以及原出票人都是他的"前手";而对出让人来说所有在他让与以后的受让人都是他的"后手","前手"对"后手"负有担保汇票必然会被承兑或付款的责任。

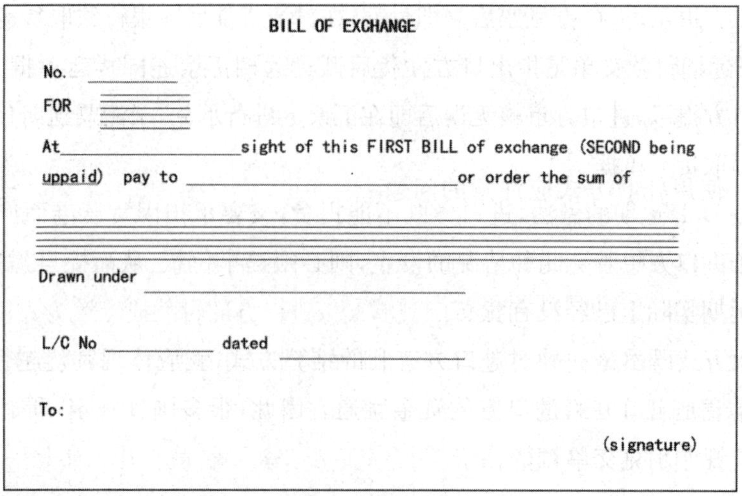
BILL OF EXCHANGE

No. ________

FOR ________

At ________ sight of this FIRST BILL of exchange (SECOND being uppaid) pay to ________ or order the sum of

____

Drawn under ________

L/C No ________ dated ________

To:

(signature)

图 6-1 汇票样本

1. 即期汇票和远期汇票

按照付款时间不同，汇票可分为即期汇票和远期汇票。即期汇票是指在提示或见票时立即付款的汇票；远期汇票是指在一定期限或特定日期付款的汇票。

远期汇票的付款时间有以下四种规定办法。

(1) 见票后若干天付款。

(2) 出票后若干天付款。

(3) 提单签发日后若干天付款。

(4) 指定日期付款。

2. 商业承兑汇票和银行承兑汇票

按承兑人的不同，分为商业承兑汇票和银行承兑汇票。商业承兑汇票是企业或个人承兑的远期汇票，托收中使用的远期汇票即属于此种汇票；银行承兑汇票是银行承兑的远期汇票，信用证中使用的远期汇票即属于此种汇票。

承兑(acceptance)是指付款人对远期汇票表示承担到期付款责任的行为。付款人在汇票上写明“承兑”字样，注明承兑日期，并由付款人签字，交还持票人。付款人对汇票作出承兑，即成为承兑人。承兑人在远期汇票到期时承担付款的责任。

在国际市场上,一张远期汇票的持有人如想在付款人付款前取得票款,可以将汇票进行贴现。贴现(discount)是指远期汇票承兑后,尚未到期,由银行或贴现公司从票面金额中扣减按一定贴现息后,将余款付给持票人的行为。

(四) 使用托收方式应注意的问题

在跟单托收中,出口方以控制货权的单据来控制货物。托收银行以交付代表货物的单据来代表交货,而银行的交单又以进口方的付款或承兑为先决条件。由此,托收结算方式对进口方是有一定保障的,进口方只要付了款或者进行了承兑,就可以得到代表货权的单据。但是,托收结算方式对于出口方来说就较为不利了,因为出口方能否按时收回货款,完全取决于进口方的信用。假如进口方因商情变化,到时拒不付款或者拒不承兑,出口方就有可能迟收货款、收不到货款的危险,同时还要承担在进口地办理提货、交纳进口关税、存仓、保险、转售以至被低价拍卖或被运回国内的损失。

在承兑交单条件下,进口方只要在汇票上办理承兑手续,即可取得货运单据,凭以提取货物;出口方收款的保障就是进口方的信用,一旦进口方到期不付款,出口方便会遭到货、款全部落空的损失。因此,承兑交单比付款交单的风险更大。如果遇到这种情况,托收银行和代收银行对此是不承担任何责任的,所谓"商业信用"的风险性也就在这里。特别是当采用空运交货方式时,托收结算方式更应谨慎从事。

为了规避或者降低风险程度,出口方可以采取下列七种措施。

(1) 出口方对进口方的资信及经营作风应有所了解。

(2) 及时了解行情行市。

(3) 了解进口方海关等当局的规章。

(4) 尽可能做"D/P 即期",不做或者少做"D/A 远期"。

(5) 要求对方预付一定数额的押金。

(6) 进口国最好有代理人,万一发生意外,也可以代为办理存仓、保险、转运或运回等事宜。

(7) 在做托收结算时,也可以考虑同时安排做出口信用保险。

（五）托收融资

1. 出口托收押汇

出口托收押汇就是出口方委托托收行向进口方收取货款,因出口未收汇而形成了短期流动资金需求,要求托收行先预支部分或全部货款,待托收款项收妥后归还银行垫款的融资方式。

（1）D/P 项下押汇,是指在出口托收付款交单方式下,出口方在委托托收行向进口方收取货款的同时,以提交的汇票及随附单据作质押品,由托收行提供部分应收货款融资,并保留对出口方的追索权,待出口托收款项收妥后即归还我行借款的融资方式。

（2）D/A 项下押汇,是指在出口托收承兑交单方式下,出口方委托托收行寄出远期汇票和随附单据向进口方托收,在收到进口方承兑的远期汇票或代收行发来的承兑电后,由托收行作部分贴现并保留追索权的融资方式。

2. 进口托收押汇

代收行应进口人要求,与其达成进口代收项下单据以及货物所有权归银行所有的协议后,银行以信托收据的方式向其放单并先行对外付款,到期后由进口人偿还融资本息以及相关费用的行为。

三、信用证

正因为汇款和托收结算方式存在着上述诸多弊病,为了解决买卖双方的互不信任问题,信用证的结算方式也就应运而生了。

信用证(letter of credit，L/C)是指开证银行应申请人的要求并按其指示向第三方开立的载有一定金额的,在一定的期限内凭符合规定的单据付款的书面保证文件。

信用证支付方式把由进口人履行付款责任,转为由银行付款,在一定程度上解决了进出口人之间互不信任的矛盾,即以银行信用取代商业信用。因为银行信用更加可靠、更加稳健,而且,银行的资金也更加雄厚,使得买卖双方都增加了安全感,从而大大地促进国际贸易的发展。

(一) 信用证的特点

1. 信用证是一种银行信用

信用证支付方式是一种银行信用,由开证行以自己的信用做出付款的保证。在信用证付款的条件下,银行是付款人。

2. 信用证是独立的文件

信用证的开立是以买卖合同作为依据,但信用证一经开出。就成为独立于买卖合同以外的另一种合同,不受买卖合同的约束。

3. 信用证是一种单据的买卖

在信用证方式之下,实行的是凭单付款的原则。信用证业务是一种纯粹的单据业务。在信用证业务中,只要受益人提交的单据符合信用证规定,开证行就应承担付款责任。反之,单据与信用证规定不符,银行有权拒绝付款。银行虽有义务审核单据,但这种审核,只是用以确定单据表面上是否符合信用证条款,开证银行只根据表面上符合信用证条款的单据付款。所以在信用证条件下,不仅要做到"单证一致",即受益人提交的单据的表面上与信用证规定的条款一致;还要做到"单单一致",即受益人提交的各种单据之间表面上也要一致和"单内一致"。

(二) 信用证的当事人

1. 开证申请人(applicant)

开证申请人是指向银行申请开立信用证的人,即进口人。

2. 开证行(opening bank or issuing bank)

开证行是指接受开证申请人的要求和指示,开立信用证的银行。开证行一般是进口人所在地银行。

3. 通知行(advising bank or notifying bank)

通知行是指受开证行的委托,将信用证转交受益人的银行。通知行是出口人所在地的银行。

4. 受益人(beneficiary)

受益人是指信用证上所指定的有权使用该证的人,即出口人。

5. 指定银行(nominated bank)

指定银行是指接受开证行的委托,受理审核受益人提交的单据或者对相符单据予以付款的银行。指定银行主要分为议付行和付款行:议付行(negotiating bank)是指根据开证行的指示,受理审核受益人提交的单据的出口地银行。议付行对相符的单据,可以选择贴现也可以不予贴现;付款行(paying bank)是指根据开证行的指示,受理审核受益人提交的单据的银行。接受开证行委托的付款行对相符的单据,可以选择全额付款也可以不付款。通常,付款行就是开证行,也可以是开证行指定的另一家银行。

(三) 信用证的操作程序

(1) 进出口方在买卖合同中,规定使用信用证方式支付。

(2) 进口方依照合同填写开证申请书,经出口方确认后,向进口地银行提交申请书、交纳押金或提供其他保证,请银行(开证行)开证。

(3) 开证行根据申请书内容,向出口方(受益人)开出信用证,通过 SWIFT 传递至出口方所在地银行(通知行)。

(4) 通知行将信用证交出口方。

(5) 出口方审核信用证与合同相符后,按信用证规定装运货物,并备齐各项货运单据,在信用证规定的期限内,送交当地银行(交单行)。

(6) 交单行按信用证条款审核单据无误后,将货运单据寄开证行索款。

(7) 开证行核对单据无误后,通知进口方付款赎单。

(8) 开证行向交单行付款。

(四) 信用证的游戏规则

由于对跟单信用证有关当事人的权利、责任、付款的定义和术语在国际上缺乏统一的解释、公认的准则,各国银行根据各自的习惯和利益自行规定办事。因此,信用证各有关当事人之间的争议和纠纷经常发生。国际商会为了减少因解释不同而引起的争端,调和各有关当事人之间的矛盾,拟订一套《商业跟单信用证统一惯例》(Uniform Customs and Practice for Commercial Documentary Credits),并于1933年正式公布。以后进行多次修订,称为《跟单信用证统一惯例》。现行的是国际商会第600号出版物(简称UCP600),并于2007年7月1日实行。

国际商会的《商业跟单信用证统一惯例》不是一个国际性的法律规章,但它已为各国银行普遍接受,成为一种国际惯例。

国际商会还制定了《审核跟单信用证项下单据的国际标准银行实务》(International Standard Banking Practice for the Examination of Documents under Documentary Credits,ISBP),现行的是国际商会第745号出版物(简称ISBP745)。

ISBP旨在统一并规范全球各地银行在审核信用证项下单据的不同做法,减少单据的不符点,降低单据的拒付率,以使得信用证的操作更为简便。实际上,ISBP是一个供单据审核员在审核跟单信用证项下提交的单据时使用的审查项目(细节)清单,是《商业跟单信用证统一惯例》(UCP 600)的必不可少的补充。

 **相关链接**

《ICC 跟单信用证统一惯例》(UCP600)(节选)

第三条　解释

如情形适用,单数词形包含复数含义,复数词形包含单数含义。

一家银行在不同国家的分支机构被视为不同的银行。

用诸如"第一流的""著名的""合格的""独立的""正式的""有资格的"或"本地的"等词语描述单据的出单人时,允许除受益人之外的任何人出具该单据。

除非要求在单据中使用,否则诸如"迅速地""立刻地"或"尽快地"等词语将被不予理会。

"在或大概在(on or about)"或类似用语将被视为规定事件发生在指定日期的前后五个日历日之间,起讫日期计算在内。

"至(to)""直至(until,till)""从……开始(from)"及"在……之间(between)"等词用于确定装运日期时包含提及的日期,使用"在……之前(before)"及"在……之后(after)"时则不包含提及的日期。

"从……开始(from)"及"在……之后(after)"等词用于确定到期日时不包含提及的日期。

"前半月"及"后半月"分别指一个月的第一日到第十五日及第十六日到该月的最后一日,起讫日期计算在内。

一个月的"开始(beginning)""中间(middle)"及"末尾(end)"分别指第一到第十日、第十一日到第二十日及第二十一日到该月的最后一日,起讫日期计算在内。

第十四条　单据审核标准

a. 按指定行事的指定银行、保兑行(如果有的话)及开证行须审核交单,并仅基于单据本身确定其是否在表面上构成相符交单。

b. 按指定行事的指定银行、保兑行(如有的话)及开证行各有从交单次日起的至多五个银行工作日用以确定交单是否相符。这一期限不因在交单日当天或之后信用证截止日或最迟交单日届至而受到缩减或影响。

c. 如果单据中包含一份或多份正本运输单据,则须由受益人或其代表在不迟于本惯例所指的装运日之后的二十一个日历日内交单,但是在任何情况下都不得迟于信用证的截止日。

d. 单据中的数据,在与信用证、单据本身以及国际标准银行实务参照解读时,无须与该单据本身中的数据、其他要求的单据或信用证中的数据等同一致,但不得矛盾。

e. 除商业发票外,其他单据中的货物、服务或履约行为的描述,如果有的话,可使用与信用证中的描述不矛盾的概括性用语。

第十六条　不符单据及不符点的放弃与通知

a. 按照指定行事的指定银行、保兑行(如有)或者开证行确定交单不符时,可以拒绝兑付或议付。

b. 当开证行确定交单不符时,可以自行决定联系申请人放弃不符点。然而这并不能延长第十四条 b 款所指的期限。

c. 当按照指定行事的指定银行、保兑行(如有)或开证行决定拒绝兑付或议付时,必须一次性通知交单人。

第十七条　正本单据及副本

a. 信用证规定的每一种单据须至少提交一份正本。

b. 银行应将任何带有看似出单人的原始签名、标记、盖印或标签的单据视为正本单据,除非单据本身表明其非正本。

d. 如果信用证要求提交单据的副本,提交正本或副本均可。

e. 如果信用证使用诸如"一式两份(in duplicate)""两份(in two fold)""两套(in two copras)"等用语要求提交多份单据,则提交至少一份正本,其余使用副本即可满足要求,除非单据本身另有说明。

第二十九条　截止日或最迟交单日的顺延

a. 如果信用证的截止日或最迟交单日适逢接受交单的银行非因第三十六条所述原因而歇业,则截止日或最迟交单日,视何者适用,将顺延至其重新开业的第一个银行工作日。

b. 如果在顺延后的第一个银行工作日交单,指定银行必须在其致开证行或保兑行的面函中声明交单是在根据第二十九条 a 款顺延的期限内提交的。

c. 最迟装运日不因第二十九条 a 款规定的原因而顺延。

第三十六条　不可抗力

银行对由天灾、暴动、骚乱、叛乱、战争、恐怖主义行为或任何罢工、停工或其无法控制的任何其他原因导致的营业中断的后果,概不负责。

银行恢复营业时,对于在营业中断期间已逾期的信用证,不再进行兑付或议付。

（五）信用证的格式

目前，全球大多数国家的大多数银行已使用 SWIFT 系统。SWIFT 的使用，使银行的结算提供了安全、可靠、快捷、标准化、自动化的通讯业务，从而大大提高了银行的结算速度。由于 SWIFT 的格式具有标准化，SWIFT 电文有着统一的要求和格式。

信用证的格式主要都是用 SWIFT 电文，因此有必要对 SWIFT 进行了解。SWIFT 由项目（FIELD）组成，如 59 BENEFICIARY（受益人），就是一个项目，59 是项目的代号，可以是两位数字表示，也可以两位数字加上字母来表示，如 51a APPLICANT（申请人）。不同的代号，表示不同的含义。

在 SWIFT 电文中，一些项目是必选项目（mandatory field），一些项目是可选项目（optional field），必选项目是必须要具备的，可选项目并不一定每份信用证都有的。

四、跟单信用证的种类

跟单信用证（documentary L/C）是开证行凭相符单据付款的信用证。国际贸易所使用的信用证大部分是跟单信用证。

信用证作为开证行不可撤销的付款承诺可根据其性质、期限、流通方式等特点，分为即期信用证、远期信用证、假远期信用证、保兑信用证和可转让信用证。

（一）即期信用证

即期信用证（sight L/C）是指开证行或指定银行收到相符单据后，立即付款的信用证。即期信用证分为即期付款信用证和即期议付信用证。

1. 即期付款信用证

即期付款信用证（sight payment L/C）是指开证行作为付款行在收到相符单据后立即履行付款的义务。证中注明"即期付款兑付"（available by payment）字样。

开证行可以指定出口地银行或其他银行为付款行，委托其收到相符单据后代为付款,然后将单据寄交开证行索偿。但是指定银行不承担付款义务。

即期付款信用证一般不要求受益人开立汇票。以出口地银行为付款人的即期付款信用证的交单到期地点在出口地,便于受益人交单取款,可以及时取得资金。所以,这种信用证对受益人最为有利。

2. 即期议付信用证

即期议付信用证(sight negotiation L/C)是指开证行委托出口地银行或任何银行收到相符单据后扣除垫付资金的利息,将余款付给受益人,即先行买入汇票及(或)单据,然后议付行将汇票与单据交与开证行索偿的信用证。开证行收到单据后立即向议付行进行偿付。证中注明"议付兑付"(available by negotiation)字样。

开证行指定出口地银行或其他银行为议付行,但是指定银行不承担议付的义务。

由于开立信用证银行与受益人一般分处两国,由受益人向开证行索款存在不便,受益人可以要求一家本地银行(议付行)先行审单垫款,这有利于出口方资金融通。对信用证申请人和开证行的好处是单证相符的单据没有到达柜台前不需付款;且单证是否相符最终由开证行确认,开证行认为议付行寄来的单据有不符点可以拒付。

议付行买单付款时,按规定扣除从付款之日起到收款之日止的利息;而付款行的付款不是垫款,应足额支付。

在即期信用证中,有时还加入电汇索偿条款(T/T reimbursement clause)。这是指开证行允许指定银行用电讯方式通知开证行,说明各种单据与信用证要求相符,开证行立即用电汇将货款拨交指定银行。因此,带有电汇索偿条款的信用证,出口方可以加快收汇货款。

(二) 远期信用证

远期信用证(time L/C)是指开证行或指定银行收到相符单据时,在规定的期限内付款的信用证。远期信用证包括承兑信用证、延期付款信用证和远期议付信用证。

1. 延期付款信用证

延期付款信用证(deferred payment L/C)是指开证行作为付款行在收到相符单据后先承诺到期履行付款义务,等到付款到期日再行付款的信用证。证中注明"延期付款兑付"(available by deferred payment)字样。

开证行可以指定出口地银行或其他银行为付款行,委托其收到相符单据后代为承诺付款,并到期履行付款。但是指定银行不承担承诺和付款的义务。

延期付款信用证不要求出口方开立汇票,但是出口方可以贴现未到期的应收款。

2. 承兑信用证

承兑信用证(acceptance L/C)是指开证行作为承兑行即付款行在收到符合信用证规定的远期汇票和单据时,先承诺到期履行付款义务,等到付款到期日再行付款的信用证。证中注明"承兑兑付"(available by acceptance)字样。

开证行可以指定出口地银行或其他银行为承兑行,委托其收到相符单据后代为承诺付款,并到期履行付款。但是指定银行不承担承诺和付款的义务。

由于承兑信用证是以开证行或其他银行为汇票付款人,故这种信用证又称为银行承兑信用证(banker's acceptance L/C)。这种信用证的汇票,由于承兑人是银行,较易到贴现市场去转让,因此对受益人就比较有利。

3. 远期议付信用证

远期议付信用证(forward negotiation L/C)是指开证行委托出口地银行或任何银行在审单后扣除垫付资金的利息,将余款付给受益人,即先行买入汇票及(或)单据的信用证。开证行收到单据后先向议付行承兑,在汇票到期日进行偿付。证中注明"议付兑付"(available by negotiation)字样。

开证行指定出口地银行或其他银行为议付行,但是指定银行不承担议付的义务。

(三) 假远期信用证

假远期信用证是指开证行根据进口人申请开出远期信用证,同时在信用证条款中承诺单证相符情况下即期付款、进口人到期偿付开证行的信用证。

假远期信用证的特点是,信用证规定的受益人开立远期汇票,由付款行负责贴现,并规定一切利息和费用由进口方负担。这种信用证,表面上看是远期信用证,但出口方却可以即期受到十足的货款,因而习惯上称之为"假远期信用证"。这种假远期信用证对出口方而言,实际上仍属即期收款,但对进口方来说,要承担承兑费和贴现费。

进口方开立假远期信用证的原因主要有以下两种。

(1) 可以利用贴现市场或银行的资金,以较低的贴现息来融通资金,降低进口成本。也就是说,利用假远期信用证,可以套用付款行的资金。

(2) 可以摆脱某些进口国家外汇管制法令上的限制,这些国家的外汇法令规定,凡进口商品一律采用远期付款。

(四) 保兑信用证

保兑信用证(confirmed L/C)是指开证行开出的信用证,由另一银行担保对符合信用证条款规定的单据履行付款义务。对信用证加保兑的银行,叫做保兑行(confirming bank)。

信用证一经保兑,即构成保兑行除开证行以外的另一项付款承诺。保兑行与开证行一样承担付款责任,不分先后。

保兑行通常是通知行,有时也可以是出口地的其他银行或第三国银行。保兑的手续必须由保兑银行在信用证上加列保兑文句。

(五) 可转让信用证

可转让信用证(transferable L/C)是指信用证的受益人(第一受益人)可以要求转让银行将信用证全部或部分转让给一个或数个受益人(第二受益人)使用的信用证。

唯有开证行在信用证中明确注明"可转让"(transferable),信用证方可转让。凡信用证中未注明"可转让"者,就是不可转让信用证。

可转让信用证只能由第一受益人转让给第二受益人,第二受益人不得将信用证转让给其后的第三受益人。如果信用证不禁止分批装运,在总和不超过信用证金额的前提下,可分别按若干部分办理转让。

信用证只能按原证规定条款转让,但信用证金额、商品的单价、到期日、交单

日及最迟装运日期可以减少或缩短,保险加成比例可以增加。信用证在转让后,第一受益人有权以自身的发票(和汇票)替换第二受益人的发票(和汇票),其金额不得超过信用证规定的原金额。

在实际业务中,要求开立可转让信用证的第一受益人,通常是中间商。为了赚取差额利润,中间商可将信用证转让给实际供货人,由供货人办理出运手续。

五、信用证融资

(一) 出口融资

1. 打包贷款

打包贷款,是指出口人凭正本信用证向出口地银行申请用于出口货物备料、生产和装运等履约活动的短期贸易融资。出口人装运发货取得信用证项下单据后,向银行交单,以信用证收汇款项或后续融资款项归还融资本息。

2. 出口押汇

出口押汇是指出口人装运发货取得信用证项下单据后将全套出口单据交到出口地银行,银行按照票面金额扣除从押汇日到预计收汇日的利息,将净额预先付给出口人的一种短期融资方式。

3. 出口票据贴现

出口票据贴现是指出口人向出口地银行提交经开证行承兑远期信用证项下汇票,在到期日前,由银行从票面金额中扣减贴现利息,将余款支付给出口人的一种融资方式。贴现银行对贴现款项保留追索权。

4. 福费廷

福费廷也称"包买票据",是指出口地银行无追索权地买入出口人因真实贸易背景而产生的经开证行承兑的远期汇票或承诺付款的应收账款的业务。

(二) 进口融资

1. 减免保证金开证

减免保证金开证是指开证行应进口人要求,为进口人减收或免收保证金开出信用证的一种贸易融资方式。适用于具有进出口经营权限的、开证行已授信的客户。

2. 进口押汇

进口押汇是指开证行收到信用证的相关单据后,向进口人提供的用于支付信用证项下金额的短期资金融通。当进口人必须立即付款赎单时,进口押汇可以使进口人动用银行资金而不动用自有资金的情况下取得物权单据、提货、转卖或加工销售。

六、备用信用证与银行保函

(一) 备用信用证

备用信用证(standby L/C)是指开证行根据开证申请人的请求对受益人开立的承诺承担某项义务的凭证。即开证行保证在开证申请人未能履行其应履行的义务时,受益人只要凭备用信用证的规定向开证行开具汇票(或不开汇票),并提交开证申请人未履行义务的声明或证明文件,即可取得开证行的偿付。

备用信用证是属于银行信用。如果开证申请人按期履行合同的义务,受益人就无须要求开证行在备用信用证项下支付货款或赔款。这是称作"备用"(standby)的由来。

备用信用证与跟单信用证的不同之处主要有以下三点。

(1) 在跟单信用证下,受益人只要提交与信用证要求相符的单据,即可向开证银行要求付款。在备用信用证下,受益人只有在开证申请人未履行义务时,才能行使信用证规定的权利;如果开证申请人履行了约定的义务,则备用证就成为备而不用的文件。

(2) 跟单信用证一般只适用于货物的买卖;而备用信用证可适用于货物买卖以外的多方面的交易。例如,在投标业务中,可保证投标人履行其职责;在借款、垫款中,可保证借款人到期还款;在赊销交易中,可保证赊购人到期付款等。

(3) 跟单信用证一般以符合信用证规定的货运单据为付款依据;而备用信

用证一般只凭受益人出具的说明开证申请人未能履约的证明文件,开证银行即保证付款。

(二) 银行保函

银行保函(banker's letter of guarantee)是指银行(保证人)应申请人的请求,向第三人(受益人)开立的一种书面担保凭证,保证在申请人在未能按双方协议履行其责任或义务时,由银行代其履行一定金额、一定期限范围内的某种支付责任或经济赔偿责任。

国际经贸实践中的银行保函大多是见索即付保函,它吸收了信用证的特点,越来越向信用证靠近,使见索即付保函与备用信用证在性质上日趋相同,即担保银行和开证行的担保或付款责任都是第一性的。

七、进出口信用保险

(一) 出口信用保险

出口信用保险是国家为了推动本国的出口贸易,保障出口企业的收汇安全而制定的一项由国家财政提供保险准备金的非营利性的政策性保险业务。出口信用保险适用于出口企业从事以信用证(L/C)、付款交单(D/P)、承兑交单(D/A)、赊销(O/A)结算方式自中国出口或转口的贸易。

1. 承保风险

(1) 商业风险包括:买方破产或无力偿付债务;买方拖欠货款;买方拒绝接收货物;开证行破产、停业或被接管;单证相符、单单相符时开证行拖欠或在远期信用项下拒绝承兑。

(2) 政治风险包括:买方或开证行所在国家、地区禁止或限制买方或开证行向被保险人支付货款或信用证款项;禁止买方购买的货物进口或撤销已颁布发给买方的进口许可证;发生战争、内战或者暴动,导致买方无法履行合同或开证行不能履行信用证项下的付款义务。

2. 损失赔偿比例

(1) 由政治风险造成损失的最高赔偿比例为 90%。

(2) 由破产、无力偿付债务、拖欠等其他商业风险造成损失的最高赔偿比例为 90%。

(3) 由买方拒收货物所造成损失的最高赔偿比例为 80%。

(二) 进口信用保险

进口信用保险实际上是进口预付款保险,是指被保险人在保单有效期内按照进口合同规定支付预付款后,因政治风险或商业风险的发生导致海外供应商不能履行贸易合同,并不退还被保险人已经支付的预付款时,保险人按照保险合同对被保险人的预付款损失予以赔偿的保险。

进口信用保险的承保风险包括政治风险和商业风险。

(1) 政治风险:出口国禁止或限制国外供应商以进口合同约定的货币或其他可自由兑换的货币向被保险人退还预付款;出口国发生战争、内战、叛乱、革命、暴动。

(2) 商业风险:出口人破产或者无力偿付债务;出口人拖欠应退还的预付款。

 练习题

一、选择题

1. 2014 年 3 月,安徽 CBA 进出口有限公司以 FOB 条件向英国 UPC COMPANY 出口一批红茶,集装箱运输,cy to cy 条款。合同要求先电汇支付总价 15% 的定金,余款用即期议付信用证支付。信用证规定:"商业发票一式三份;全套清洁已装船提单,注明'运费到付',做成空白抬头、空白背书;汇票的受票人为汇丰银行伦敦分行,付款期限为 AT SIGHT"。安徽 CBA 进出口有限公司按信用证规定如期装运,并在交单期内向议付行交单议付,议付行随即向开证行寄单索偿。

（1）根据上述案例，场到场（cy to cy）的集装箱运输最适合的交接方式是（　　）。

A. 整箱交，拆箱接　　　　　　　　B. 拼箱交，拆箱接

C. 拼箱交，整箱接　　　　　　　　D. 整箱交，整箱接

（2）根据上述案例，海运提单的抬头是指提单的（　　）一栏。

A. Shipper　　　　B. Consignee　　　C. Notify Party　D. Carrier

（3）根据上述案例，汇票的使用中，受票人又称（　　）。

A. 出票人　　　　　B. 付款人　　　　C. 受款人　　　　D. 持票人

（4）根据上述案例，出口商开立的汇票是（　　）。

A. 光票　　　　　　B. 远期汇票　　　C. 即期汇票　　　D. 承兑汇票

（5）根据上述案例可以判断，出口商交单地点在（　　）。

A. 通知行　　　　　B. 开证行　　　　C. 议付行　　　　D. 付款行

（6）根据上述案例，信用证的申请人是（　　）。

A. CBA 进出口有限公司　　　　　　B. UPC COMPANY

C. 汇丰银行伦敦分行　　　　　　　D. 议付行

（7）根据上述案例，信用证规定到期日为 2014 年 5 月 31 日，而未规定最迟装运期，则可理解为（　　）。

A. 最迟装运期为 2014 年 5 月 10 日

B. 最迟装运期为 2014 年 5 月 16 日

C. 最迟装运期为 2014 年 5 月 31 日

D. 该信用证无效

2. 所谓"全套清洁已装船提单"中的"全套"是指（　　）。

A. 提单正本至少三份　　　　　　　B. 提单正本至少两份

C. 提单正本至少一份　　　　　　　D. 提单必须三份，但不全是正本

3. 所谓"做成空白抬头、空白背书"是指（　　）。

A. 提单的收货人一栏填上"TO ORDER"，在提单背面由托运人签字

B. 提单的收货人一栏什么也不填，也不背书

C. 提单的收货人一栏内填上"空白"二字，在提单的背面也写上"空白"二字

D. 提单的收货人一栏填上"TO ORDER"，在提单背面由承运人签字

4. 若信用证未规定运输单据提交的特定期限,则信用证游戏规则默认提交单据的最后期限实际上是从装运之日起的( ),但不得超过信用证有效期。

A. 第 15 天　　　　B. 第 20 天　　　C. 第 21 天　　　D. 第 22 天

5. 信用证的指定银行可以拒付的理由是( )。

A. 货与合同不符　　　　　　　　B. 信用证和合同不符

C. 进口商要求拒付　　　　　　　D. 单内不符

6. 付款行收到受益人提交的单据时,获悉单据所代表的货物因海难况没。根据《跟单信用证统一惯例》,下列选项正确的是( )。

A. 如果单证相符,银行应当付款

B. 如果开证行获悉货物已灭失,银行应拒付

C. 如果买方要求开证行拒付,银行应拒付

D. 若银行已付款,买方可要求银行向受益人追回

7. 信用证在汇票条款中注明"Drawn on us",出口商缮制汇票时,应将付款人作成( )。

A. 开证行　　　　　B. 议付行　　　C. 开证申请人　　D. 偿付行

8. 下列关于国际贸易支付方式的表述,正确的是( )。

A. 汇付就是汇款

B. 托收的基础是银行信用

C. 信用证方式的基础是银行信用

D. 承兑交单时,出口商须开具即期汇票

9. 依照国际商会《跟单信用证统一惯例》的规定,银行可以拒绝付款的情况为( )。

A. 运输单据与信用证不符　　　　B. 货物质量与合同规定不符

C. 货物在运输途中由于火灾灭失　　D. 保险单据与运输单据不符

10. 在信用证的诸当事人中,必须存在的当事人是( )。

A. 保兑行　　　　　B. 申请人　　　C. 开证行　　　　D. 受益人

11. 凭跟单汇票或只凭单据付款的信用证称之为( )。

A. 即期付款信用证　　　　　　　B. 远期信用证

C. 跟单信用证　　　　　　　　　D. 即期议付信用证

12. 托收的一个重要特点是银行的地位严格限于作为（　　）。

A. 收款人　　　　B. 付款人　　　　C. 担保人　　　　D. 代理人

13. 以下属于进口贸易融资方式的是（　　）。

A. 信托收据　　　　B. 出口押汇　　　　C. 福费廷　　　　D. 打包贷款

14. 以下属于出口贸易融资方式的是（　　）。

A. 提货担保　　　　B. 开证授信　　　　C. 假远期信用证D. 打包贷款

15. 根据《跟单信用证统一惯例》的规定，以下截止日恰遇银行休息日，可顺延的期限是（　　）。

A. 信用证效期　　　　　　　　　　B. 装运期

C. 交单期　　　　　　　　　　　　D. 交货期

16. 以下属于 T/T 支付方式、CIF 条件下出口履约阶段的工作有（　　）。

A. 投保　　　　B. 订舱　　　　C. 审证　　　　D. 退税

17. 一张经过了四次背书的汇票，最多有（　　）个"前手"？

A. 2　　　　B. 3　　　　C. 4　　　　D. 5

18. 商业发票的抬头人一般是（　　）。

A. 开证行　　　　B. 开证申请人　　　　C. 受益人　　　　D. 付款行

19. （　　）是指汇票上的付款人为银行，以银行为承兑人的远期汇票。

A. 银行汇票　　　　　　　　　　B. 银行承兑汇票

C. 商业汇票　　　　　　　　　　D. 商业承兑汇票

20. 根据（　　）不同，汇票分为即期汇票和远期汇票。

A. 承兑时间　　　　B. 出票时间　　　　C. 付款人　　　　D. 付款时间

21. 信用证的有效期是对（　　）的规定。

A. 受益人　　　　B. 开证行　　　　C. 议付行　　　　D. 开证申请人

二、思考计算题

1. 中美两家贸易公司签订茶叶买卖合同，由中国公司按 CIF 纽约向美国公司交货，信用证方式付款。运输途中因意外事故部分货物被海水浸泡，美国公司以货物不合格为由拒绝接收货物，并指示信用证开证银行拒绝付款。

请问：

（1）美国公司能否以部分茶叶遭海水浸泡、货物不合格为由拒绝接收货物？

（2）信用证开证行可否以茶叶浸泡为由拒绝付款？

2. 山东海潮食品进出口有限公司出口 20 吨海鲜到日本藤野株式会社，单价为 3 美元/千克，FOB 青岛，信用证金额为 60 000 美元。

请问：

（1）该公司最多能装运多少数量，最多能收入多少美元？

（2）该公司最少能装运多少数量，最少能收入多少美元？

第七章 买卖合同的通用条款

一、索赔

索赔是指合同一方当事人因另一方当事人违约使其遭受损失而向对方提出要求损害赔偿的行为。理赔则是一方对于对方提出的索赔进行处理。因此,索赔与理赔是一个问题的两个方面。在进出口贸易中,损害赔偿是最常用的违约补救措施。

在实际业务中,索赔通常发生在交货期、交货质量、数量或包装与买卖合同规定不符等问题上,因此,一般来说,买方向卖方提出的索赔较为多见。当然,有时也发生买方不按时接货,不开证或不按时开证、无理拒付货款等违约情况,导致卖方向买方提出索赔。

买卖双方为了在索赔和理赔工作中有所依据,一般应在合同中订立索赔条款。在对外索赔和理赔工作中,索赔依据、索赔期限以及合理确定索赔金额都是很重要的问题。

进口货物运达港口卸货时,理货公司要进行卸货核对。理货是指船方或货主根据运输合同在装运港和卸货港接收和交付货物时,委托港口的理货公司代理完成的在港口对货物进行计数、检查货物残损、指导装舱积载,制作有关单证等工作。货物溢短单(overlanded & shortlanded cargo list),是记载进口货物件数一致或短少的证明;货物残损单(broken & damaged cargo list),是记载进口货物原残损情况的证明。这两种单证是收货人提交索赔的原始单据之一。

如发现短缺、残损,应及时向理货公司索取上述凭证,待保险公司会同海关检验后作出处理。

凡进口货物需对外索赔出证的,应在索赔有效期前不少于 20 天向到货口岸或货物到达地的海关报检。

1.索赔证据

进口货物索赔需提供以下几项证据。

（1）保险单或保险凭证。

（2）运输单据。

（3）发票。

（4）装箱单。

（5）检验报告。

（6）海事声明书。

（7）货损货差证明。

（8）索赔清单。

索赔时如证据不足、问题不清、责任不明或不符合合同的索赔条款规定，都可能遭到对方拒绝。所以，索赔时要做到证据有力、情况确实、理由充分、要求适当，在问题未解决之前索赔的商品应当保持原状，有的还要拍照，以便必要时做举证之用。

2.索赔金额

根据国际贸易惯例，买方向卖方索赔的金额，应与因卖方违约所造成的实际损失相等，即根据商品的价值和损失程度计算，还应包括支出的各种费用，如商品检验费、装卸费、银行手续费、清关费用、仓租、利息等，合理的预期利润也应计入索赔金额。向承运人和保险公司索赔的金额，须根据规定按特定方法计算。

3.索赔期限

对外索赔必须在合同规定的索赔有效期限内提出，过期无效。逾期索赔，责任方有权不受理。如因商检工作确有困难、可能需要较长时间的，可在合同规定的索赔有效期限内向对方要求延长索赔期限，但也不宜过长，或在合同规定索赔有效期限内向对方提出保留索赔权。

 相关链接

《中国人民保险公司海洋运输货物保险条款》（节选）

本保险索赔时效为从被保险货物在最后卸载港全部卸离海轮后起算，最多不超过两年。

相关链接

《联合国国际货物销售合同公约》(节选)

第三十八条

(1) 买方必须在按情况实际可行的最短时间内检验货物或由他人检验货物。

(2) 如果合同涉及货物的运输,检验可推迟到货物到达目的地后进行。

第三十九条

(1) 买方对货物不符合同,必须在发现或理应发现不符情形后一段合理时间内通知卖方,说明不符合同情形的性质,否则就丧失声称货物不符合同的权利。

(2) 无论如何,如果买方不在实际收到货物之日起两年内将货物不符合同情形通知卖方,他就丧失声称货物不符合同的权利,除非这一时限与合同规定的保证期限不符。

相关链接

《中国人民保险公司航空运输货物保险条款》(节选)

本保险索赔时效,从被保险货物在最后卸载地卸离飞机后起计算,最多不超过两年。

按《联合国国际货物销售合同公约》和《中华人民共和国合同法》规定,如买卖合同中没有规定索赔期限,而到货检验中又不易发现货物缺陷的,则买方行使索赔权的最长期限是自其实际收到货物起不超过两年。向船公司索赔期限为货物到达目的港交货后一年之内;向保险公司提出海运货损索赔的期限则为被保险货物在卸载港全部卸离海轮后两年内。

4. 索赔时买方的责任

凡是货物的风险由卖方转移到买方时所存在的任何不符合同情形,卖方都负有责任、买方应以事实为依据向卖方要求赔偿。但是,在卖方同意赔偿前,买方必须保持货物的原状并妥为保管。根据《联合国国际货物销售合同公约》及国际惯例,如果买方不可能按实际收到货物的原状归还货物,他就丧失宣告合同无效或要求卖方交付替代货物的权利。买方还必须按情况采取合理措施,以保全货物。

5. 卖方违约的补救

如果卖方未按合同规定交付货物,或卖方所交货物的质量、数量、包装不符合同规定,卖方应根据不同的违约情况,承担不同的法律责任。买方除表示拒收货物并要求损害赔偿或只要求损害赔偿外,还可以要求卖方采取补救办法。如果货物不符合同已构成根本违反合同,买方可以要求卖方交付替代货物;除此之外,买方可以要求卖方对货物进行修理,或者要求减低价格,也可以规定一段合理的额外时限,让卖方继续履行其义务。至于究竟采用哪一种方法,由买卖双方根据具体情况协商决定。

二、不可抗力

不可抗力是一项免责条款,是指买卖合同签订后,不是由于合同当事人的过失或疏忽,而是由于发生了合同当事人无法预见、无法预防、无法避免和无法控制的事件,以致不能履行或不能如期履行合同,发生意外事件的一方可以免除履行合同的责任或者推迟履行合同。

引起不可抗力的原因有两种,一是自然原因,如洪水、暴风、地震、干旱、暴风雪等人类无法控制的大自然力量所引起的灾害事故;二是社会原因,如战争、罢工、政府禁止令等引起的。在实践中,对不可抗力的认定是很严格的,要与商品价格波动、汇率变化等正常的贸易风险区别开来。

当发生不可抗力后,合同当事人在援引不可抗力条款和处理不可抗力时,应注意以下三方面问题。

（1）发生事件的一方应按约定的期限和方式及时通知对方当事人，并提供约定的证明文件。另一方当事人收到不可抗力的通知及证明文件后，无论同意与否，都应及时回复。

关于不可抗力的出证机构，在我国一般由中国国际贸易促进委员会（中国国际商会）出具；如由对方提供时，则大多数由当地的商会或登记注册的公证机构出具。

（2）收到通知的一方应认真分析事件的起因，确定其是否属于不可抗力的范围。特别注意对方当事人是否任意扩大了不可抗力的范围，将正常的贸易风险视为不可抗力。

（3）当事人因不可抗力不能履行合同的，根据不可抗力的影响，部分或者全部免除责任，即可解除合同或变更合同。至于究竟是解除合同还是变更合同，则应视不可抗力对履行合同的影响情况和程度而定，或者由买卖双方在合同中加在具体规定。

三、仲裁

在国际货物买卖中，买卖双方在合同履行中因种种原因发生争议时，一般先采用和解方式，即友好协商解决，也可通过调解机构进行调解解决。如当事人不愿采用和解和调解，或和解或调解不成时，则可采用仲裁或司法诉讼方式进行解决。

仲裁是解决国际贸易争议的一种重要方式。它是指买卖双方达成协议，自愿将有关争议交给双方同意的仲裁机构进行裁决，而裁决是终局的，对双方都有约束力，双方必须遵照执行。一裁终局的基本含义在于，裁决作出后，即产生法律效力，即使当事人对裁决不服，也不能就同一案件向法院提出起诉。

与和解和调解相比，仲裁的特点是，仲裁裁决是终局的，对双方均有约束力，当事人一方如不执行裁决，另一方有权向法院申请强制执行。而和解与调解的结果是没有强制作用的。

与司法诉讼相比，仲裁是以双方自愿为基础的，双方当事人自行选定仲裁机构和仲裁规则，而且仲裁裁决是终局性的，具有强制作用；仲裁费用较低，仲裁程序较简单。而采用司法诉讼,一方当事人不需要事先取得对方同意,即可向有管辖权的法院起诉,法院判决后,另一方不服,可在规定时间内向上一级法院提出上诉;诉讼程序较复杂,费用较高,且双方关系紧张,不利于今后贸易关系的继续发展。

一裁终局不仅排除了中国沿用多年的一裁二审的可能性,同时也排除了一裁一复议和二裁终局的可能性。

我国法律规定,当事人采用仲裁方式解决争议,应当双方自愿,达成仲裁协议。没有仲裁协议,一方申请仲裁时,仲裁机构不予受理。

仲裁协议必须是书面的,它有两种形式,一种是合同中的仲裁条款(arbitration clause),即在争议发生前,合同当事人在买卖合同中订立仲裁条款,表明在争议发生时,当事人自愿将争议交付仲裁解决。另一种是以其他书面方式达成的提交仲裁协议(arbitration agreement),即双方当事人在合同争议发生前或发生后订立的提交仲裁的协议,包括双方来往信件、数据电文等或其他书面形式。

第八章 货物报检

一、商品检验与法定检验

商检,是商品检验的简写,是海关工作内容的一部分。平时业内人士对所有进出口货物检验检疫都会称呼其为商检,其实此处商检的含义应为动植检疫、商品检验、卫生检疫,即"三检"。

法检,即法定检验,就是指海关监管条件是 A(进口)或 B(出口)的货物。如果没有 A 或 B,就不算是法定检验货物。任何进出口境货物都必须做商检,但是并不一定是法检。海关对法定检验以外的进出口商品根据国家规定实施抽查检验。

常见的法定检验的监管类别和名称如表 8-1 所示。

表 8-1　法定检验的监管类别和代码表

代码	监管类别
L	入境民用商品认证
M	进口商品检验
N	出口商品检验
P	进境动植物、动植物产品检疫
Q	出境动植物、动植物产品检疫
R	进口食品卫生监督检验
S	出口食品卫生监督检验

法定检验是指国家以立法形式,通过强制手段,对重要的进出口商品指定由海关统一执行强制性检验。属于法定检验的出口商品,未经检验合格者不得出口;属于法定检验的进口商品,未向海关报验或检验不合格的不能获海关验放,即使进口也不准销售与使用。

非法定检验是指商检机构根据对外贸易关系人的申请,对进出口商品实施公证、鉴定的业务。非法定检验的商品主要指法定检验以外的进出口商品。商检机构在对进出口商品进行检验鉴定后,作出公证结论,并签发有关证书。

在国际贸易中,卖方所交货物的品质、数量、包装等必须符合合同规定。因而在买卖双方交接货物过程中,对商品进行检验并出具检验证书,是一个不可缺少的环节。

商品可以由买卖双方自行检验。但在国际贸易中,大多数场合下买卖双方不是当面交接货物,而且在长途运输和装卸过程中,又可能由于各种风险和承运人的责任而造成货损。为了便于分清责任,确认事实,往往需要由权威的、公正的商检机构对商品进行检验并出具检验证书以资证明。这种由商检机构出具的检验证书,已成为国际贸易中买卖双方交接货物、结算货款、索赔和理赔的主要依据。

二、出口货物的报检程序

(一) 出口货物的报检

凡属法定检验检疫商品或合同规定需要检验检疫机构进行检验并出具检验证书的商品,进出口人均应及时提请检验检疫机构检验。凡属检验检疫范围内的进出口商品,都必须报检。报检是指进出口人向海关申请检验。

出境货物检验检疫程序包括以下三步。

(1)企业报关前向产地海关提出申请实施检验。

(2)海关实施检验检疫后向企业反馈电子底账数据号或(和)签发检验检疫证书。

(3)企业报关时应填写电子底账数据号并办理出口通关手续。

(二) 出口货物包装的报检

出口货物须法定商检的,而且为纸箱、木箱、塑料袋、桶等包装的,在申请检验时需提供《出口货物运输包装性能结果单》,简称《性能检验结果单》,俗称"纸箱证"。《性能检验结果单》可向提供包装的厂家索取。

一般生产出口包装的企业,都需要对出口包装进行商检。出口货物生产企

业或经营单位向生产包装容器单位购买包装容器时,生产包装容器的单位应提供海关签发的《出口货物运输包装性能结果单》。

出口货物生产企业或经营单位申请出口货物检验检疫时,应向海关提供《出口货物运输包装性能检验结果单》正本,以便海关实施出口运输包装容器的使用鉴定。

对于同一批号不同单位使用的或同一批号多次装运出口货物的运输包装容器,在性能结果单有效期内可以凭此单向海关报检,申请分单。

对于木质包装的出口货物,木质包装应按 IPPC 国际标准的要求实施除害处理并加施标识。

出口方应向经海关认可的木质包装生产企业购买木质包装或经认可的除害处理企业处理自备的木质包装。

出口货物为法定检验检疫商品的,其木质包装应实施申报,随附《出境货物木质包装除害处理合格凭证》。

进口国或地区要求出具木质包装植物检疫证书或熏蒸消毒证书的,其木质包装应实施申报。

出口货物为非法定检验检疫商品的,其木质包装无需申报,但需加施 IPPC 标识,海关对其实施监督抽查。

(三) 出口危险货物的运输包装容器

生产危险货物出口包装容器的企业,必须申请海关进行包装容器的性能检验,包装容器经海关检验合格并取得性能检验合格单的,方可用于包装危险货物。

生产出口危险货物的企业,必须向海关申请进行危险货物包装容器的使用鉴定。危险货物包装容器经海关鉴定合格并取得使用鉴定结果单的,方可包装危险货物出口。

三、进口货物的报检程序

(一) 进口货物的报检

对于法定检验的进口货物,进口方应在入境前或入境时向入境地或者目的地的海关办理关检整合报关手续。未经检验的货物不准销售和使用。如进口货物经海关检验,发现有残损短缺,应凭海关出具的检验证书对外索赔。

我国建立了进境动植物检疫许可制度,对进境动植物、动植物产品实行行政许可,经审批合格后方可进境。出于尽可能降低病虫害传染风险及避免贸易商的经济损失考虑,在审批办理时间上,我国的行政法规也有具体要求:检疫审批手续应当在贸易合同或者协议签订前办妥。

对于合同规定在入境地检验的货物,或已发现残损、短缺、有异状的货物,或合同规定的索赔期即将期满的货物等,都需要在入境地进行检验。

非法定检验的,但买卖合同规定买方有复验权的货物,收货或用货部门应当在合同规定的检验期限内向当地的海关申请检验。

海关根据报检人的要求和有关合同的规定,对进口商品进行检验鉴定后,签发检验或鉴定证书。

1. 关检整合报关

法定检验检疫进口货物的货主或其代理人首先向入境地或属地的海关申请关检整合报关,提供有关的资料。海关审核有关资料,符合要求,受理报关并转施检部门签署意见,计收费。

2. 实施检验检疫

货物通关后,进口方需在海关规定的时间内选定海关对货物实施检验检疫。货物目的地不在进境口岸的货物,可以在货物通关后,调往目的地海关实施检验检疫。

3. 海关进行合格评定

经检验检疫合格的进口货物签发《入境货物检验检疫证明》放行,经检验检疫不合格的货物签发《检验检疫处理通知书》,需要索赔的签发检验检疫证书。

(二) 进口货物包装的报检

进境货物使用木质包装的,进口方应当向海关报检,并配合海关实施检疫。对未报检的,海关依照有关法律规定进行处罚。

法定检验的进境货物使用木质包装的,海关对木质包装实施检疫。非法定检验的进境货物使用木质包装的,海关可在货物放行后实施检疫。

经检疫发现进口木质包装标识不符合要求或截获活的有害生物的,海关监督进口方对木质包装实施除害处理、销毁处理或连同货物作退运处理。

四、原产地证明书

货物的原产地指的是货物或产品的来源地,即产品的生产地或制造地,按通俗理解就是货物的"国籍",即其经济国籍,具有某一国家或地区经济国籍的产品即被视为该国的原产品。

原产地证明书是一种证明货物原产地或制造地的证件,也是进口国海关核定进口货物应征税率的依据。出口国签发的原产地证明书对进口国的作用主要有以下几种。

(1) 确定税率待遇的主要依据(是否给予特定优惠待遇)。

(2) 进行贸易统计的重要依据(进口货物来源国统计)。

(3) 实施进口数量控制、反倾销、反补贴等外贸管制措施的依据(根据原产地确定适用哪些外贸管制措施)。

(4) 控制从特定国家进口货物,确定准予放行与否的依据(根据货物的"国籍"身份进行特定管制)。

(5) 证明商品内在品质或结汇的依据(如托考依葡萄酒代表了某种公认的特定品质)。

出口货物签发的原产地证书主要分为以下三大类。

1. 非优惠原产地证书

在我国出口业务中使用的原产地证是指中华人民共和国出口货物原产地证明书(certificate of origin of the People's Republic of China),是证明我国出口货物符合"中华人民共和国出口货物原产地规则",货物确系我国原产地的证明文件,是进口国海关据此对该进口商品适用何种税率的依据,一般适用最惠国税率,某些情况下适用普通税率,该证书不能用于减免关税。

非优惠原产地证书又称一般原产地证书,英文名称为 certificate of origin,简称 CO,通常出口到中东、非洲、东南亚、中南美洲等地的国家签发这种证书。

2. 优惠原产地证书

优惠原产地证书包括大多数发达国家给予我国的普惠制待遇(FORM A 证书),以及中国与一些国家或地区签订有双边或多边区域性互惠协定(FORM B 证书等)。

1)普惠制原产地证书

普惠制原产地证书(GSP certificate of origin),又称格式 A 产地证,用以证明特定产品在给惠国享受进口关税减免待遇。

长期以来,给惠国着手普惠制方案改革,不断缩小受惠产品范围,强化普惠制毕业机制。如此的政策调整使得普惠制原产地证书功能减弱。

2)区域性互惠原产地证

区域性互惠原产地证可证明协定成员国之间特定产品享受互惠减免关税待遇。目前,区域性互惠原产地证主要有以下几种。

(1)亚太贸易协定原产地证书(FORM B)。

(2)中国—东盟自由贸易区原产地证书(FORM E)。

(3)中国—智利自由贸易区原产地证书(FORM F)。

(4)海峡两岸经济合作框架协议原产地证书(FORM H)。

(5)中国—哥斯达黎加自由贸易区原产地证书(FORM L)。

(6)中国—新西兰自由贸易区原产地证书(FORM N)。

(7)中国—巴基斯坦自由贸易区原产地证书(FORM P)。

(8)中国—秘鲁自由贸易区原产地证书(FORM R)。

(9)中国—新加坡自由贸易区原产地证书(FORM X)。

(10)中国—澳大利亚自由贸易区原产地证书(FORM U)。

(11)中国—瑞士自由贸易区原产地证书(FORM S)。

(12)中国—韩国自由贸易区原产地证书(FORM K)。

(13)中国—冰岛自由贸易区原产地证书(FORM I)。

3. 专用原产地证书

专用原产地证书是专门针对一些特殊行业的特殊产品,如农产品、烟草、毛坯钻石等,根据进出口监管的特殊需要而产生的原产地证书。这些特殊行业的特殊产品应符合一定的原产地规则才能合法进出口。

专用原产地证书的签证依据为中国政府与外国政府所签订的双边或多边协议。专用原产地证书主要有以下三种。

(1) 输欧盟蘑菇原产地证书。

(2) 输欧盟烟草真实性证书。

(3) 金伯利进程国际证书。

原产地证书的签发人可以由出口方、生产厂商、海关或中国国际贸易促进委员会(中国国际商会)等签发。

一般情况下,海关签发一般原产地证书、普惠制原产地证书、区域性优惠原产地证书、专用原产地证书。中国国际贸易促进委员会(中国国际商会)签发一般原产地证书和区域性优惠原产地证书。专用原产地证书也可由商务部签发。

原产品按照原产地标准的规定可分为两类:一类是完全获得产品,即完全使用原产国的原料和零部件,并在其国内完成生产、制造的产品,另一类是非完全获得产品,即不完全使用原产国的原料,或未在其国内完成全部生产和制造过程的产品。非完全原产品=进口成分+实质性改变。

随着全球化的发展和国际分工的深入,同一货物可能会在不同的国家或地区进行了数道生产和加工才最终成形,因此对于国际贸易中的货物,特别是非完全获得产品,必须按照一定的标准来确定其原产地,这样的制度就被称为"原产地规则"。

各自贸协定中对实质性改变的具体要求主要分为税目号改变、百分比、加工工序以及组合标准四类。

税目号改变标准要判断进口原材料的前2位、前4位或前6位税目号与最终产品的是否发生了变化。如中智自贸协定对某些产品实质性改变的标准是前2位改变。

百分比标准需计算产品中所含的原产或非原产成份占产品价值的百分比来确定是否经过实质性改变。例如,中国—巴基斯坦、中国—东盟和中国—新加坡自贸协定中规定非原产材料占制成品离岸价的百分比不应超过60%。

加工工序标准是依据产品是否经历了特定的加工、生产工序来判定产品是否发生实质性改变。如中国—东盟自贸协定规定服装采用加工工序标准,要求裁剪、车缝等工序在中国境内完成。

组合标准即为混合了上述三种实质性改变的判定标准。如中秘自贸协定对人造石墨规定"从任何其他品目改变至此且其区域价值成分不少于50%"。据此,使用进口原材料的产品,需同时满足税目号改变标准和百分比标准,输出秘鲁时才能判定为中国原产。

海关签发的区域性互惠原产地证书是出口货物在进口国享受关税优惠的重要书面凭证。根据原产地规则操作程序的规定,进口国海关可以请求对原产地证书的真实性、涉及产品相关信息的准确性等进行追溯核查,即实施退证查询。

有些进口国在向我国签证机构发出退证查询函的同时,还向我国出口企业收取保证金,扣留货物,有的甚至收取数倍于关税的罚金。而有些企业在等待核查期间不堪高昂的滞港费用,不得不向进口国海关缴纳了"保证金",以便货物顺利放行,这极大地增加了企业的成本,反而使原产地证的优惠政策成为负担。

为确保原产地证书符合签证要求,使企业顺利享受到关税优惠,我国出口企业要加强对自贸区原产地规则及政策的了解,增强守法诚信意识,货物描述具体和准确,不盲目听从客户提出的不合理要求,避免使用含糊笼统的包装名称;对含有进口成分的产品,应如实填写相应的原产地标准,以减少退证风险。此外,出口企业可建立产品追溯调查体系,对原材料的采购和产品的生产工序等建立可追溯档案,以便配合签证机构第一时间开展退证调查,降低直接经济损失。

 相关链接

《关于审核跟单信用证项下单据的国际标准银行实务》(ISBP745)(节选)

原产地证明

基本要求和功能满足

第L1段

如果信用证要求提交原产地证明,提交签署的单据表面上与所开立

发票的货物相关并且证实货物的原产地即满足信用证要求。

第 L2 段

如果信用证要求提交特定格式的原产地证明,例如,GSP Form A 格式,必须提交这种特定格式的单据。

原产地证明的出具人

第 L3 段

a. 原产地证明必须由信用证规定的实体出具。

b. 如果信用证没有规定出具人名称,原产地证明可以由任何实体出具。

c. 如果信用证要求提交的原产地证明由受益人、出口商或制造商出具,只要原产地证明相应注明受益人、出口商或制造商,提交的原产地证明由商会或类似机构,例如但不限于行会、行业协会、经济协会、海关和贸易部门出具也满足要求。

d. 如果信用证要求提交由商会出具的原产地证明,提交的原产地证明由行会、行业协会、经济协会、海关和贸易部门等类似机构出具也满足要求。

原产地证明的内容

第 L4 段

原产地证明必须表面看通过例如下列方式与发票的货物相关联:

a. 与信用证规定相符的货物描述,或与信用证所规定的货物描述不相矛盾的统称;

b. 援引其他规定单据或原产地证明不可分割的附件上的货物描述。

第 L5 段

如果原产地证明显示收货人信息,其不应与运输单据中的收货人信息相矛盾。但是,当信用证要求运输单据做成"凭指示""凭托运人指示""凭开证行指示""凭指定银行(或议付行)指示"或"收货人:开证行"时,原产地证明可以显示收货人为信用证中除受益人以外的任何一个具名实体。当信用证已经转让时,收货人可以是第一受益人。

第 L6 段

原产地证明可以显示除信用证受益人或其他规定单据上的托运人以外的实体为发货人或出口商。

第 L7 段

如果信用证规定货物原产地而没有要求提交原产地证明,规定的单据上对货物原产地的援引不得与规定的原产地相矛盾。例如,当信用证规定"货物原产地:德国"而没有要求提交原产地证明时,任何规定的单据显示了不同的货物原产地,将视为数据矛盾。

第 L8 段

只要原产地证明显示的出口商或发货人不是受益人,原产地证明注明的发票号码、发票日期和运输路线可以与其他一种或多种规定单据上注明的不同。

第九章　货　物　报　关

一、货物报关的基本概念

凡是进出口货物，须经由设有海关的港口、车站、国际航空站进出，并由货物所有人向海关申报，经海关放行后，货物才可提取或者装运出口。

我国进出口货物的报关，可以由收发货人自行办理或委托经海关批准注册登记的报关企业办理，如收发货人自行办理，须经海关注册登记，在办理报关手续时，可采用纸质报关单或电子数据报关单的形式。除提交进（出）口货物报关单外，还须提供发票、装箱单等货运单据以及有关监管证件，如系国家限制进出口的货物，还须提交许可证件。

（一）进出口货物需要的海关监管证件

监管证件是海关依据我国外贸法律、法规及规章，对实行进出口许可证件管理以及法定检验的货物在海关管理环节须验核的各种进出口许可证件。

收发货人在进出口之前要对该商品进出口时检验检疫类别以及海关监管条件、税率、报关时需要提供哪些有效文件要了解清楚。一般根据商品的用途和商品的材料构成查找商品 HS 编码，然后根据 HS 编码查找相关的监管条件。进出口货物需要的监管证件代码和监管证件名称如表 9-1 所示。

表 9-1　进出口货物监管证件名称和代码表

监管证件代码	监管证件名称
1	进口许可证
2	两用物项和技术进口许可证
3	两用物项和技术出口许可证

（续表）

监管证件代码	监管证件名称
4	出口许可证
5	纺织品临时出口许可证
6	旧机电产品禁止进口
7	自动进口许可证
8	禁止出口商品
9	禁止进口商品
A	检验检疫
B	电子底账
D	出/入境货物通关单（毛坯钻石用）
E	濒危物种允许出口证明书
F	濒危物种允许进口证明书
G	两用物项和技术出口许可证（定向）
H	港澳 OPA 纺织品证明
I	精神药物进（出）口准许证
J	黄金及其制品进出口准许证或批件
K	深加工结转申请表
L	药品进出口准许证
M	密码产品和设备进口许可证
O	自动进口许可证（新旧机电产品）
P	固体废物进口许可证
Q	进口药品通关单
R	进口兽药通关单
S	进出口农药登记证明
T	银行调运现钞进出境许可证
U	合法捕捞产品通关证明
W	麻醉药品进出口准许证
X	有毒化学品环境管理放行通知单

（续表）

监管证件代码	监管证件名称
Y	原产地证明
Z	音像批准/节目提取单/光盘备案证明
a	保税核注清单
c	内销征税联系单
e	关税配额外优惠税率进口棉花配额证
h	核增核扣表
q	国别关税配额证明
r	预归类标志
s	适用 ITA 税率的商品用途认定证明
t	关税配额证明
v	自动进口许可证（加工贸易）
x	出口许可证（加工贸易）
y	出口许可证（边境小额贸易）

（二）商品归类

商品归类就是确定进出口货物的商品编码，不同的商品有不同的商品编码，是国际贸易商品生产的国际性的通用语言。海关在出口商品的归类上，主要根据 HS 税则归类制度确定进出口商品编码。HS 税则主要有六条总原则和一些分原则，是世界海关组织制定的。商品归类要求进出口方如实、准确申报，海关依法进行审核确定。由于货物归类不同，对应的商品编码不同，可能导致进出口关税、出口退税率的不同，也关系到是否需要许可证等。

出于趋利避害的原因，进出口方在进出口申报时常常选择对自己有利的商品编码进行归类。实际上，归类是一项专业性极强的工作，每种商品的商品编码是唯一的，它不是可左可右的。海关要依法进行归类。此时，归类就往往成为海关与企业双方意见不符的焦点，这时就可能对通关效率产生影响。

据统计，在进出口报关环节，货物被海关扣压或者迟迟不予放行的情况，

95％源于 HS 编码申报不当。

根据 HS 编码申报不当行为的主观过错及其行为的违法性程度可以将其划分为以下三种类型,即"申报错误""申报不实"以及"伪报走私"。

1. 申报错误

如果当事人在申报过程中出现错误,但当事人主观上并无走私故意且具有法定的正当理由时,该行为则可能被认定为一般性的申报错误行为。最常见的就是由报关人员操作或者书写失误造成所报关单内容有误的情况,此时,申报当事人不需要承担行政责任,但须根据有关规定,及时向海关申请修改或者撤销错报的进出口报关材料。

2. 申报不实

根据《海关行政处罚实施条例》的规定,如果收发货人在从事进出口贸易活动中向海关申报的内容与货物的实际状况等相关事实不相符,包括进出口货物的品名、HS 编码、数量、价格等这些反映进出口情况的重要信息的申报内容与货物的实际情况不符,对海关监管秩序、税款征收、海关贸易统计等方面产生影响,但当事人不存在走私故意,该行为可能被认定为"违反海关监管规定的行为"从而依据有关规定承担行政责。

3. 伪报走私

如果当事人向海关申报的货物信息与货物实际状况不符,且其主观上存在走私故意,客观上对海关监管秩序造成了危害,但尚未达到《中华人民共和国刑法》规定的走私刑事案件的追诉标准或定罪标准,则可能构成走私行为,海关将依据相关法规对当事人实施行政处罚。

(三) 预归类

为了准确实行进出口商品归类,便利进出口方办理海关手续、加速货物通关,进出口方对自己难以归类的商品可以向海关申请预归类。

预归类是指货物在实际进出口前,进出口方以海关规定的书面形式向海关提出申请并提供商品归类所需的资料,海关依法作出具有法律效力的商品归类决定的行为。进出口方已作预归类的货物并按照预归类决定申报的,经海关审

核查验单货相符的,将按照预归类决定所确定的归类意见放行。

通过预归类,进出口方可以在报关前了解出口商品是否征税,可享受多少的出口退税,进口商品征多少税。由于提前明确了商品归类,可避免在商品进出口时海关与企业意见不一致,可有效提高通关速度。

预归类申请应当在货物实际进口或出口的 45 天前提出,而且企业要提供所申请的货物将在 45 天后实际进出口的证明。海关预归类具有预先确定性,预归类申请提出和预归类决定作出的时间应当在有关货物实际进出口之前,而不应在同时或之后,因此提出预归类申请的期限理应考虑为海关审核并作出决定预留一定的时间。

(四) 企业信用评定

1. 失信企业

企业有下列情形之一的,海关认定其为失信企业。

(1) 有走私犯罪或者走私行为的。

(2) 非报关企业 1 年内违反海关监管规定行为次数超过上年度报关单、进出境备案清单等相关单证总票数千分之一且被海关行政处罚金额超过 10 万元的违规行为 2 次以上的,或者被海关行政处罚金额累计超过 100 万元的;报关企业 1 年内违反海关监管规定行为次数超过上年度报关单、进出境备案清单总票数万分之五的,或者被海关行政处罚金额累计超过 10 万元的。

(3) 拖欠应缴税款、应缴罚没款项的。

(4) 上一季度报关差错率高于同期全国平均报关差错率 1 倍以上的。

(5) 经过实地查看,确认企业登记的信息失实且无法与企业取得联系的。

(6) 被海关依法暂停从事报关业务的。

(7) 涉嫌走私、违反海关监管规定拒不配合海关进行调查的。

(8) 假借海关或者其他企业名义获取不当利益的。

(9) 弄虚作假、伪造企业信用信息的。

(10) 其他海关认定为失信企业的情形。

2. 一般信用企业

企业有下列情形之一的,海关认定其为一般信用企业。

（1）首次注册登记的企业。

（2）认证企业未发生上述失信企业所列情形的，也不符合《海关认证企业标准》的。

（3）适用失信企业管理满 1 年，且未再发生上述失信企业所列情形的。

3. 认证企业

企业向海关申请成为认证企业的，海关按照《海关认证企业标准》对企业实施认证。《海关认证企业标准》分为一般认证企业标准和高级认证企业标准。

适用失信企业管理满 1 年，且未再发生上述失信企业所列情形的，海关应当将其调整为一般信用企业管理。

失信企业被调整为一般信用企业满 1 年的，可以向海关申请成为认证企业。

二、进出口货物的报关

进出口货物的报关程序分为申报、查验、征税、放行四个阶段。

（一）进出口货物的申报

进出口货物的收、发货人或者他们的代理人，在货物进出口时，可以自主选择属地海关或口岸海关进行申报或查验等手续，并应在海关规定的期限内，按海关规定的格式填写进出口货物报关单，随附有关的货运单据，同时提供批准货物进出口的证件，向海关申报。

出口货物在口岸报关，应当在货物运抵海关监管区后、装货的 24 小时以前向货物出境地海关办理。

进口报关是指进口货物的收货人或其委托的报关企业向海关交验有关单证，办理进口货物申报手续的法律行为。

船舶到达卸货港后，承运人或货代公司向收货人发出到货通知书。收货人持正本提单和到货通知书到承运人或货代公司换取提货单，随后，向海关办理进口报关手续。进口货物的收货人或其委托的报关企业在货物抵达卸货港或到达站（即货物的进境地）后，应立即填具"进口货物报关单"向海关申报。在报关时，

还需交验提货单、发票、装箱单、进口货物许可证和规定的其他批准文件,以及海关认为有必要提供的进口合同、厂家发票、产地证明和其他文件。

进口货物的收货人应当自载运该货的运输工具申报进境之日起 14 天内向海关办理进口货物的通关申报手续。超过规定期限向海关申报的,海关依法征收滞报金。滞报金应当按日计征,以自运输工具申报进境之日起第十五日为起征日,以海关接受申报之日为截止日。滞报金的日征收金额为进口货物完税价格的千分之零点五,以人民币"元"为计征单位,不足人民币一元的部分免予计征。滞报金的起征点为人民币 50 元。超过 3 个月未向海关申报的,由海关提取依法变卖处理。

(二)进出口货物的查验

进出口货物都应接受海关查验。查验的目的是核对报关单证所报内容与实际到货是否相符,有无错报、漏报、瞒报、伪报等情况,审查货物的进出口是否合法。

海关查验是指海关在接受报关单位的申报后,为确定进出境货物的性质、原产地、货物状况、数量和价值是否与货物申报单上已填报的详细内容相符,对货物进行实际检查的行政执法行为。海关查验的目的,一是通过核对实际进出口货物与报关单证来验证申报环节所申报的内容与查验的单、货是否一致,通过实际的查验发现申报审单环节所不能发现的有无瞒报、伪报和申报不实等走私违规行为或其他进出口问题;二是通过查验可以验证申报审单环节提出的疑点,为征税、统计和后续管理提供可靠的监管依据。

(三)进出口货物的征税

海关在审核单证和查验货物以后,根据关税条例和进出口税则的税率对实际货物征收进口关税或出口关税。另外,根据有关规定可减、免、缓、退、保税的,报关单位应向海关送交有关证明文件。

海关一般主要对进口货物征税,对于出口货物,只有部分货物需要征收关税。

进口货物征税主要指征收关税、消费税、增值税等。

1. 关税

进口货物的完税价格是指以海关确认的正常成交价格为基准的 CIF 价格。其中,正常成交价格是指成交双方不具有特殊经济关系,且该项货物在公开市场上可以购到的正常价格;CIF 价格包括货价以及加上货物运抵中国关境内输入地起卸前的包装、运输、保险和其他劳务等费用。对于卖方付给买方的折扣、佣金,在合同内订明的,应从成交价格内扣除。进口关税税额的计算公式为:

$$进口关税税额 = 完税价格 \times 关税税率$$

出口货物以海关审定的成交价格为基础的离岸价格,扣除出口关税后作为完税价格。出口关税税额的计算公式为:

$$出口关税税额 = 完税价格 \times 关税税率$$

2. 消费税

消费税是以消费品的流转额作为征税对象的各种税费的流称,是政府对消费品征收的税项,是典型的间接税。进口消费税税额的计算公式为:

$$\substack{进口消费 \\ 税税额} = \left[\left(\substack{完税 \\ 价格} + \substack{关税 \\ 税额} \right) \div \left(1 - \substack{消费税 \\ 税率} \right) \right] \times \substack{消费税 \\ 税率}$$

3. 增值税

只要是报关进口的应税货物,不论其是国外产制还是我国已出口再转销国内的货物,是进口方自行采购还是国外捐赠的货物,是进口方自用还是作为贸易或其他用途,均应按照规定缴纳增值税。进口增值税税额的计算公式为:

$$\substack{进口增值 \\ 税税额} = \left(\substack{完税 \\ 价格} + \substack{关税 \\ 税额} + \substack{消费 \\ 税额} \right) \times \substack{增值税 \\ 税率}$$

(四) 进出口货物的放行

海关对进出口货物的报关,经过审核报关单据、查验实际货物,并依法办理了征收货物税费手续或减免税手续后,在有关单据上签盖放行章,货物的所有人或其代理人才能提取或装运货物。此时,海关对进出口货物的监管才算结束。

三、确定进出口货物完税价格的程序

进出口货物的完税价格是指海关根据有关规定进行审定或估定后通过估价确定的价格,它是海关征收关税的依据。进口货物完税价格就是进口商应付的 CIF 价格;出口货物完税价格就是 FOB 价格。但是,只有当进出口商申报的价格被海关接受后才能成为进出口货物的完税价格。

海关对申报价格的真实性、准确性有疑问时,或者认为买卖双方之间的特殊关系影响成交价格时,应当启动价格质疑程序。

纳税义务人或者其代理人应当自收到海关制发的《价格质疑通知书》之日起 5 个工作日内,以书面形式提供相关资料或者其他证据,证明其申报价格真实、准确或者双方之间的特殊关系未影响成交价格。

如果进口货物的成交价格不符合法律规定的条件,或者成交价格不能确定的,海关经了解有关情况,并与纳税义务人进行价格磋商后,会依次以下列方法审查确定该货物的完税价格。

(1) 相同货物成交价格估价方法,以与该货物同时或者大约同时(申报之日的前后各 45 天内)进口销售的相同货物的成交价格来估定完税价格。

(2) 类似货物成交价格估价方法,以与该货物同时或者大约同时进口销售的类似货物的成交价格来估定完税价格。

(3) 倒扣价格估价方法,以与该货物进口的同时或者大约同时,将该进口货物、相同或者类似进口货物在第一级销售环节销售给买方最大销售总量的单位价格来估定完税价格,但应当扣除同等级或者同种类货物进口第一级销售环节销售时通常的利润和一般费用以及通常支付的佣金,进口货物运抵境内输入地点起卸后的运输及其相关费用、保险费,以及进口关税及国内税收。

(4) 计算价格估价方法,以按照下列各项总和计算的价格估定完税价格:生产该货物所使用的料件成本和加工费用,进口销售同等级或者同种类货物通常的利润和一般费用,该货物运抵境内输入地点起卸前的运输及其相关费用、保险费。

值得注意的是,纳税义务人向海关提供有关资料后,可以提出申请,颠倒第三种方法和第四种方法的适用次序。

(5)合理估价方法,当海关不能根据成交价格估价方法、相同货物成交价格估价方法、类似货物成交价格估价方法、倒扣价格估价方法和计算价格估价方法确定完税价格时,海关根据公平、合理、统一的原则,以客观量化的数据资料为基础审查确定进口货物完税价格的估价方法。

合理估价方法实际上是对海关估价的一项补救方法,习惯上叫做"最后一招",也就是在使用上述任何一种估价方法都无法确定海关估价时,海关可以灵活地采用上述方法中任何一个最便于计算海关价格的方法。合理估价方法不允许使用的估价方法是:①在进口国生产的货物的国内售价;②加入生产成本以外的费用;③货物向第三国出口的价格;④最低限价;⑤武断或虚构的海关估价。

四、加工贸易货物的报关

加工贸易货物属于保税货物,所谓保税货物是指经海关批准,未办理纳税手续进境,在境内储存、加工、装配后应予复运出境的货物。加工贸易货物分为来料加工和进料加工。

(一)来料加工与进料加工的异同

(1)来料加工是外方来料,中方按约定进行加工,收取约定的加工费用;进料加工是中方自行进料,自定产品,自行加工,自负盈亏。

(2)在进料加工中,进料是一笔买卖,加工再出口又是一笔买卖;在来料加工中,原料进口和成品出口往往是一笔买卖,原料的供应商是成品的接受人。

(3)来料加工的双方,一般是委托加工关系,部分来料加工,虽然包括中方的一部分原料,在不同程度上存在买卖关系,但一般中方为了保证产品的及时出口,都订有外方承购这些产品的协议;进料加工再出口,从贸易对象来讲,没有必然的联系,进归进,出归出,中方与外方是买卖关系,不是加工关系。

(4)在进料加工中,国家对进口料件实行保税政策(即暂不征进口环节增值

税和关税),对加工增值及采用的国产料件实行出口退税或实行免抵退;在来料加工中,国家对进口料件实行保税(即暂不征进口环节增值税和关税),加工增值部分实行免税,采用的国产料件不予退税。

(二) 加工贸易货物报关程序

1. 合同备案

合同备案是指加工贸易企业持合法的加工贸易合同,到主管海关备案,申请保税、支付保证金并领取加工贸易登记手册或其他准予备案凭证的行为。

2. 货物报关

报关是指进出口货物装船出运前向海关申报的手续。按照我国海关法规定,凡是进出国境的货物,必须经由设有海关的港口、车站、国际航空站,并由货物所有人向海关申报,经过海关放行后,货物才可提取或者装船出口。

3. 合同报核

合同报核是指加工贸易企业在加工合同履行完毕或终止后,按照规定处理完剩余货物,在规定的时间内按照规定的程序向该企业主管海关申请核销结案、交回加工贸易登记手册、收回保证金的行为。

五、特殊货物的报关

(一) 进出口货样与广告品

进出口货样指进出口专供订货参考的货物样品;进出口广告品指进出口用以宣传有关商品内容的广告宣传品。进出口货样和广告品,不论是否免费提供,均应由在海关登记的进出口收发货人或其代理人向海关申报,由海关按规定审核验收。

进出口的货样与广告品属于进出口许可证管理的,不论其数量与价格,应按照国家有关管理规定办理手续。

属于法定检验范围内的进出口货样与广告品,实施入境货物检验检疫或出境货物检验检疫。

按照商业贸易习惯,货样与广告品均应为新品,一般情况下,不存在旧品作为货样与广告品的情形。如进口的货样与广告品确为旧品的,需按程序审批并按有关旧机电产品进口的有关规定实施管理。

进出口无商业价值的货样和广告品准予免征关税和进口环节海关代征税,其他进出口货样和广告品一律照章纳税。

(二)出口退关货物

出口货物的发货人在得知办结出口海关手续的货物未装上出境运输工具并决定不再出口之日起3日内向海关申请退关,经海关核准并撤销出口申报后,凭海关签注的单证提货,运出海关监管场所。已缴纳了出口税的退关货物,可以自缴纳税款之日起1年内向海关申请退税。

(三)退运货物

退运进出口货物指货物因质量不良或交货时间延误等原因,被国内外买方拒收造成的退运货物,或因错发、错运、溢装、漏卸造成退运的货物。

因品质或者规格原因,出口货物自出口放行之日起1年内原状退货复运进境的,纳税义务人在办理进口申报手续时,应当按照规定提交原出口货物报关单、合同、发票、装箱单、提运单等相关单证以及双方同意退运的书面证明文件。经海关确认后,对复运进境的原出口货物不予征收进口关税和进口环节海关代征税。

因品质或者规格原因,进口货物自进口放行之日起1年内原状退货复运出境的,纳税义务人在办理出口申报手续时,应当按照规定提交有关单证和证明文件。经海关确认后,对复运出境的原进口货物不予征收出口关税。

(四)无代价抵偿货物

进出口货物在海关放行后,因残损、缺少、品质不良或规格不符,由进出口货物的发货人、承运人或者保险公司免费补偿或更换的与原货物相同或者与合同规定相符的货物。

原进口货物已退运国外,或者原货已被放弃交由海关处理,原征税款又未退

还,其进口的抵偿货物免予征税。

原货短少,而对短少部分已征税款又未退还,海关对于重新补充进口的短少部分的货物免予征税。

原进口货物因残损或质量问题,如不退运国外,其进口的无代价抵偿货物应予照章征税。但对未退运境外的原进口货物应凭商检部门出具的残损或品质不良程度证书予以重新估价计税。原多征税款准予退还。

收发货人申报进出口的无代价抵偿货物,与退运出境或者退运进境的原货物不完全相同或者与合同规定不完全相符的,经收发货人说明理由,海关审核认为理由正当且税则号列未发生改变的,仍属于无代价抵偿货物范围。税则号列不一致,应当按"一般进出口货物"的有关规定向海关申报,缴纳进口税款。

进出口企业还应注意,向海关申报"无代价抵偿"货物有一个时限,即在原进出口合同规定的索赔期内且不超过原货物进出口之日起 3 年。

（五）修理货物

1. 进境修理货物

发货人在办理进境修理货物的进口申报手续时,应当向海关提交该货物的维修合同(或者含有保修条款的原出口合同),并向海关提供进口税款担保。货物进口后在境内维修的期限为进口之日起 6 个月,可以申请延长,延长的期限最长不超过 6 个月。

2. 出境修理货物

收货人在办理出境修理货物的出口申报手续时,应当向海关提交该货物的维修合同(或者含有保修条款的原进口合同)。货物出境后,在境外维修的期限为出境之日起 6 个月,可以申请延长,延长的期限最长不超过 6 个月。

超过海关规定期限复运进境的,海关按一般进口货物计征进口关税和进口代征税。

（六）出入自贸区的货物

与国内各类保税区不同的是,自由贸易区的最大特色是"境内关外"的特殊海关监管制度,即"一线放开,二线管住"制度。

所谓"一线",是指自由贸易区与国境外的通道口,"一线放开"是指境外的货物可以自由地、不受海关监管地自由进入自由贸易区,自由贸易区内的货物也可以自由地、不受海关监管地自由运出境外。

海关对自贸区实施"先入区、后报关"的新型监管模式。也就是说,企业通过自贸区海关监管信息化系统,向海关发送提货申请,凭借提货通知单回执,在货物到达港口、办结海关手续前,就可以直接从港区提箱运货进区入库,再在规定时限内(自运输工具进境 14 天内)向海关办理进境备案清单申报手续。与过去传统的"先报关、后入区"的通关模式相比,新模式允许企业把提货入区作业与申报备案手续"并联"进行。一线进境货物从港口运至自贸区途中,继续实施海关监管车辆运输、GPS 定位的监管模式。

入境货物到港后,企业凭海运舱单或空运单信息 24 小时全天候向海关电子申报,检验检疫相关信息化系统即时电子审单、即时反馈电子监管指令。无须检疫的货物,企业可直接提运进区入库;必须检疫的货物,企业可第一时间提运进区,在区内接受检疫查验后入库储存。

所谓"二线",则是指自由贸易区与海关境内的通道口,"二线管住",是指货物从自由贸易区进入国内非自由贸易区或货物从国内非自由贸易区进入自由贸易区时,向海关办理进出口报关单申报手续,海关依据海关法的规定,征收相应的税收。

备案清单和报关单两者具有相同的法律效力,但使用的场景不同。备案清单用于采用备案制管理的情形,例如,海关特殊监管区域企业向海关申报货物进出境、进出区,特殊区域之间流转货物等;报关单是用于报关制管理的情形,如一般货物的进出口。

 练习题

一、选择题

1. 江苏 A 外贸公司进口酒精度为 25％的"邑"牌烧酒。买卖双方经过多次

磋商后,签订采购合同。单价为 JPY680/瓶,FOB Tokyo, Japan;数量为 6 000 瓶;每瓶装 720 毫升,每个纸箱装 6 瓶,体积为 0.018 立方米,毛重为 8 千克;6 000瓶/20′ FCL;烧酒的海关监管证件代码为 AB。双方就支付条款达成协议:"买方在合同签订后 10 天内向卖方电汇 50% 的合同金额;余下 50% 的合同金额采用即期付款交单方式支付。"2013 年 11 月 27 日,外贸公司向卖方电汇 50% 的合同金额。12 月 5 日,卖方电告外贸公司,能在 12 月 15 日前按合同要求的数量和包装备妥货物。外贸业务员将装运港指定货代的联系信息通知卖方,由指定货代签发提单,提单的收货人和通知人注明 A 外贸公司。12 月 18 日,外贸业务员崔明同时收到银行的到单通知和货代公司的到货通知书。

(1) 外贸业务员应该用( )去换取提货单。

A. 发票　　　　　　　B. 合同　　　　C. 正本提单　　　D. 副本提单

(2) 外贸公司业务员将装运港指定货代的联系信息通知卖方,同时要求提单的收货人和通知人注明 A 外贸公司。这种提单是( )。

A. 指示提单　　　　　　　　　　B. 记名提单

C. 待装船提单　　　　　　　　　D. 空白抬头提单

(3) 外贸业务员同时收到银行的到单通知和货代公司的到货通知书。其凭正本提单应当( )。

A. 先到船代理换取海单再到货代公司换取提货单

B. 先到货代公司换取海单再到船代理换取提货单

C. 先到船代理换取 house B/L 再到货代公司换取 master B/L

D. 先到货代公司换取 master B/L 再到船代理换取 S/O

(4) 下列说法,正确的是( )。

A. 海关监管证件代码 A 表示需要办理进口报检,需在货物装运前办理

B. 海关监管证件代码 B 表示需要办理进口报检,需在货物进口时办理

C. 需要办理进口报检,在货物进口时办理

D. 不需要办理进口报检

(5) 在托收项下,进口商通常以( )为依据审核代收行提示的单据。

A. 信用证　　　　　B. 发票　　　　　C. 合同　　　　D. 提单

(6) 使用托收方式时,如果进口商无理拒付,则( )。

A. 托收行和代收行都不承担责任

B. 托收行和代收行都承担责任

C. 代收行有责任

D. 托收行有责任

(7) 在托收业务中,商业汇票的出票人和受票人一般分别是( )。

A. 银行和进口方

B. 出口方和进口方

C. 银行和出口方

D. 出口方和银行

(8) 瓶装烧酒为易碎商品,不宜转运。因此,买方在拟定采购合同中的运输条款时,下列表述正确的是( )。

A. 2013 年 12 月装运,从东京至上海,不可分批,不可转运

B. 2013 年 12 月装运,从东京至上海,可以分批,不可转运

C. 2013 年 12 月装运,从东京至上海,不可转运

D. 2013 年 12 月装运,从东京至上海,不可分批

(9) 买方在拟定采购合同的保险条款时,可以写明( )。

A. 卖方按发票金额的 110% 投保 1981 年 1 月 1 日的中国保险条款的海运货物一切险

B. 买方按发票金额的 110% 投保 1981 年 1 月 1 日的中国保险条款的海运货物一切险

C. 买方按发票金额的 110% 投保 1981 年 1 月 1 日的中国保险条款的海运货物平安险和破碎险

D. 买方自理

(10) 根据我国海关有关规定,在进口报关业务中,滞报金的日征收金额为进口货物完税价格的( )。

A. 1%   B. 0.1%   C. 0.5%   D. 0.05%

(11) 进口关税是货物在进口环节由海关征收的一个基本税种,关税计算的基数是( )。

A. FOB 价   B. CFR 价   C. CIF 价   D. CPT 价

2. 出口货物的发货人或者其代理人除了海关特准外,根据规定应当在货物抵海关监管区后,( )向海关申报。

A. 装货前 24 小时内　　　　　　　　B. 装货的 24 小时以前

C. 货物出境后 24 小时以内　　　　　D. 装货后 24 小时内

3. 货物进境、海关放行后,进口货物收货人或其代理人凭(　　)提取进口货物。

A. 报关单　　　　　　　　　　　　B. 海关电子放行单

C. 纳税凭证　　　　　　　　　　　D. 提单

4. 货物出境、海关放行后,出口货物发货人或其代理人凭(　　)将出口货物装运到运输工具上离境。

A. 报关单　　　　　　　　　　　　B. 海关电子放行单

C. 纳税凭证　　　　　　　　　　　D. 提单

5. 宁波公司拟从深圳出口一批南昌生产的法定检验货物,宁波公司或其代理人应当向(　　)申请实施检验手续。

A. 出境地海关　　　　　　　　　　B. 宁波海关

C. 任一海关　　　　　　　　　　　D. 南昌海关

6. 南昌公司委托外贸代理宁波公司从深圳口岸进口一批法定检验货物,宁波公司应当向(　　)申请实施检验手续。

A. 进境地海关　　　　　　　　　　B. 宁波海关

C. 任一海关　　　　　　　　　　　D. 南昌海关

7. 我国海关依据我国《商检法》的有关规定,对非法定检验的进出口商品可以实施(　　)。

A. 强制检验　　　　　　　　　　　B. 抽查检验

C. 随机检验　　　　　　　　　　　D. 定期检验

二、思考计算题

甲公司通过其进口代理商乙公司,向美国丙公司进口作为生产原料的货物一批。甲乙丙三方签订了货物买卖合同,约定了交易的产品、数量、价格、质量标准、支付方式、检验与索赔等基础条款,其中质量标准约定"符合美国××标准",支付条件为提单记载的装船日后 90 天的延期付款信用证。货物运抵我国广州黄埔港后,因该批货物不符合我国相关环保标准,被海关发出退运通知。另一方面,由于丙公司提交了与信用证表面相符的单据,已得到开证行同意在指定日期付款的通知。这样一来,作为进口人的甲公司面临着可能"钱货两空"的不利局面。

请问:

(1) 甲公司应根据什么标准来追究丙公司的违约责任?

(2) 合同中应如何约定品质标准、检验和索赔程序?

(3) 考虑到信用证独立性原则潜在的风险,甲公司如何防控信用证的风险?

第十章　货物贸易外汇管理与出口退税

一、货物贸易外汇管理

进出口企业开展货物贸易时往往会涉及外汇收支问题：一方面，在中国外汇管制的大背景下，境内的进出口企业在对进出口产品进行收付汇时需要严格遵循贸易外汇收支管理的相关规定并接受中华人民共和国国家外汇管理局（简称"外汇局"）的监督检查。外汇局对企业的贸易外汇管理方式采取非现场总量核查，不是单笔对应法控制外汇收付，即通过货物贸易外汇监测系统，全面采集企业货物进出口和贸易外汇收支逐笔数据，定期比对、评估企业货物流与资金流总体匹配情况，便利合规企业贸易外汇收支；对存在异常的企业进行重点监测，必要时实施现场核查。

另一方面，在实践中很多贸易相对方的国家可能实行货币自由兑换机制而对外汇收支没有限制要求或者买卖双方基于商业考虑会设计出一些特殊的交易模式。那么此时境内企业可能因为不熟悉或不理解中国外汇管理规定而按照境外企业的要求进行操作，从而导致外汇局进行非现场总量核查时发现异常和违规问题，进而对境内企业进行处罚，最终对境内企业后续的进出口业务以及收付汇操作产生不利影响。

相关链接

《中华人民共和国外汇管理条例》（节选）

第八条　中华人民共和国境内禁止外币流通，并不得以外币计价结算，但国家另有规定的除外。

相关链接

《货物贸易外汇管理指引》(节选)

第三条　境内机构(以下简称企业)的贸易外汇收支应当具有真实、合法的交易背景,与货物进出口一致。

第六条　外汇局建立进出口货物流与收付汇资金流匹配的核查机制,对企业贸易外汇收支进行非现场总量核查和监测,对存在异常或可疑情况的企业进行现场核实调查。

第十四条　企业应当按照"谁出口谁收汇、谁进口谁付汇"原则办理贸易外汇收支业务。

代理进口、出口业务应当由代理方付汇、收汇。代理进口业务项下,委托方可凭委托代理协议将外汇划转给代理方,也可由代理方购汇。代理出口业务项下,代理方收汇后可凭委托代理协议将外汇划转给委托方,也可结汇将人民币划转给委托方。

第十五条　企业应当根据贸易方式、结算方式以及资金来源或流向,凭相关单证在金融机构办理贸易外汇收支,并按规定进行贸易外汇收支信息申报。

二、外贸企业出口货物免退税

外贸企业收购货物出口,其出口销售环节的增值税免征;其收购货物的成本部分,因外贸企业在支付收购货款的同时也支付了生产经营该类商品的企业已纳的增值税税款,因此,在货物出口后按收购成本与退税率计算退税退还给外贸企业。外贸企业出口货物增值税的计算应依据收购货物增值税发票上所注明的进项税额和退税率计算。其计算公式为:

$$应退税额＝不含增值税收购金额×退税率$$

三、生产企业出口货物免抵退税

出口货物免抵退税办法中,免税是指对生产企业出口的自产货物免征本企业生产销售环节增值税;抵税,是指生产企业出口自产货物所耗用的原材料、零部件、燃料、动力等所含应予退还的进项税额,抵顶内销货物的应纳税额;退税,是指生产企业出口的自产货物在当月内应抵顶的进项税额大于应纳税额时,对未抵顶完的部分予以退税。

出口货物免抵退税的计算步骤如下。

(1) 计算不得免征和抵扣税额,计算公式为:

$$\begin{matrix}\text{免抵退税不得免} \\ \text{征和抵扣的税额}\end{matrix} = \begin{matrix}\text{出口货物} \\ \text{离岸价格}\end{matrix} \times \begin{matrix}\text{外汇人民} \\ \text{币牌价}\end{matrix} \times \left(\begin{matrix}\text{增值} \\ \text{税率}\end{matrix} - \begin{matrix}\text{出口} \\ \text{退税率}\end{matrix}\right)$$

(2) 计算当期应纳税额,计算公式为:

$$\begin{matrix}\text{当期应} \\ \text{纳税额}\end{matrix} = \begin{matrix}\text{当期内销的} \\ \text{销项税额}\end{matrix} - \left(\begin{matrix}\text{当期进} \\ \text{项税额}\end{matrix} - \begin{matrix}\text{免抵退税不得免征} \\ \text{和抵扣的税额}\end{matrix}\right)$$

(3) 计算免抵退税额,计算公式为:

$$\text{免抵退税额} = \text{出口货物离岸价} \times \text{外汇人民币牌价} \times \text{出口退税率}$$

(4) 确定应退税额。若第二步中的当期应纳税额为正值,则本期退税额为 0;若当期应纳税额为负值,则比较当期应纳税额的绝对值与免抵退税额的大小,选择较小者作为应退税额。

(5) 确定免抵税额,计算公式为:

$$\text{免抵税额} = \text{免抵退税额} - \text{应退税额}$$

相关链接

《关于出口货物劳务增值税和消费税政策的通知》(节选)

　　七、适用增值税征税政策的出口货物劳务

下列出口货物劳务,不适用增值税退(免)税和免税政策,按下列规定及视同内销货物征税的其他规定征收增值税(以下称增值税征税)。

(一)适用范围

适用增值税征税政策的出口货物劳务,是指:

1. 出口企业出口或视同出口财政部和国家税务总局根据国务院决定明确的取消出口退(免)税的货物。

2. 出口企业或其他单位销售给特殊区域内的生活消费用品和交通运输工具。

3. 出口企业或其他单位因骗取出口退税被税务机关停止办理增值税退(免)税期间出口的货物。

4. 出口企业或其他单位提供虚假备案单证的货物。

5. 出口企业或其他单位增值税退(免)税凭证有伪造或内容不实的货物。

6. 出口企业或其他单位未在国家税务总局规定期限内申报免税核销。

7. 出口企业或其他单位具有以下情形之一的出口货物劳务。

(1) 将空白的出口货物报关单、出口收汇核销单等退(免)税凭证交由除签有委托合同的货代公司、报关行,或由境外进口方指定的货代公司(提供合同约定或者其他相关证明)以外的其他单位或个人使用的。

(2) 以自营名义出口,其出口业务实质上是由本企业及其投资的企业以外的单位或个人借该出口企业名义操作完成的。

(3) 以自营名义出口,其出口的同一批货物既签订购货合同,又签订代理出口合同(或协议)的。

(4) 出口货物在海关验放后,自己或委托货代承运人对该笔货物的海运提单或其他运输单据等上的品名、规格等进行修改,造成出口货物报关单与海运提单或其他运输单据有关内容不符的。

(5) 以自营名义出口,但不承担出口货物的质量、收款或退税风险之一的,即出口货物发生质量问题不承担购买方的索赔责任(合同中有约定质量责任承担者除外);不承担未按期收款导致不能核销的责任(合同中有约定收款责任承担者除外);不承担因申报出口退(免)税的资料、单证等出现问题造成不退税责任的。

(6)未实质参与出口经营活动、接受并从事由中间人介绍的其他出口业务,但仍以自营名义出口的。

练习题

1. 某贸易公司9月5日购进玩具大熊猫(95030021)1 000个,单价10元,已支付税价合计11 600元并取得增值税专用发票,10月8日又购进遥控车(95030082)100个,单价100元,已支付税价合计11 600元并取得增值税专用发票。该公司于11月18日以一般贸易报关出口玩具大熊猫1 000个,单价2美元,遥控车100个,单价20美元,11月30日收汇,12月份申报出口退税,退税率均为15%。请问:该批货物的退税额是多少元?

2. 上海A公司与境外供应商B公司签订采购合同,约定由A公司向B公司购买价值约30万美金的LED显示屏产品。为简化贸易流程,双方约定LED显示屏由B公司在中国境内的关联公司C生产并直接交付给A公司,A公司则需在合同订立15日内将货款以预付款的形式直接支付给境外B公司。请问:A公司的操作符合外汇局的规定吗?

3. 境内甲公司的主要经营业务为出口商品至非洲国家,同时从非洲进口木材等资源。鉴于非洲多数国家外汇管制较严,且外汇汇款费用较高,故而甲公司非洲办事处的工作人员在请示公司后,在当地收妥了出口货款,然后用于支付进口货款。请问:甲公司的操作符合外汇局的规定吗?

参 考 文 献

［1］吴百福.进出口贸易实务教程［M］.上海：上海人民出版社，2011.

［2］祝卫，程洁，谈英.国际贸易操作能力实用教程［M］.上海：上海人民出版
社，2006.

［3］邬孝煜.进出口英语函电［M］.上海：上海交通大学出版社，2009.

［4］李华根.国际结算与贸易融资实务［M］.北京：中国海关出版社，2012.

［5］卓小苏.国际贸易风险与防范［M］.北京：中国纺织出版社，2007.